1학년
논리가 술술 톡톡

KB033521

EBS 논술톡의 구성과 특장

1 『EBS 논술톡』은 생각하는 힘을 키우는 독서 논술 교재입니다.

『EBS 논술톡』은 초등학교의 단계별 특징에 맞는 문제를 해결하면서 자기주도적으로 학습할 수 있는 워크북 형식의 초등 독서 논술 교재입니다. 또한 초등학교 학생들의 논리적인 사고력과 창의적인 사고력을 향상시켜 주는 읽기와 쓰기 활동을 강화하였습니다. 초등학교 때 읽기와 쓰기 활동을 통하여 습득한 논리적인 사고력과 창의적 사고력은 모든 교과 학습의 바탕이 되고 사람다운 사람으로 성장하는 데 큰 자양분이 됩니다.

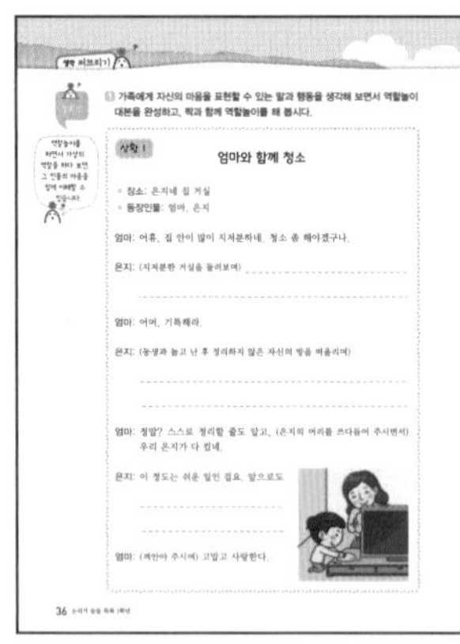

생각 펴트리기

1 가족에게 자신의 마음을 표현할 수 있는 말과 행동을 생각해 보면서 역할놀이 대본을 완성하고, 짝과 함께 역할놀이를 해 봅시다.

상황 1 엄마와 함께 청소

- 장소: 은지네 집 거실
- 등장인물: 엄마, 은지

엄마: 어휴, 집 안이 많이 지저분하네. 청소 좀 해야겠구나.

은지: (지저분한 거실을 둘러보며)

엄마: 어머, 기특해라.

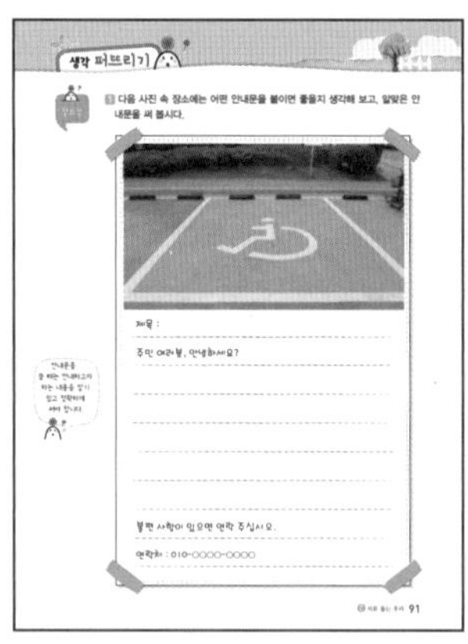

생각 퍼뜨리기

1 다음 사진 속 장소에는 어떤 안내문을 붙이면 좋을지 생각해 보고, 알맞은 안내문을 써 봅시다.

제목 :

생각 키우기

1 다음 영화 감상문을 읽어 봅시다.

힘들게 살아온 우리의 할아버지들
– 영화 〈국제시장〉을 보고

〈국제시장〉은 우리나라에서 손꼽힐 만큼 많은 사람이 본 한국 영화라고 한다. 1400만 관객이 넘게 봤다고 하니 어마어마하다. 선생님께서 나라 사랑에 대해 말씀을 하시면서, 부모님과 함께 〈국제시장〉을 한번 보는 게 어떻겠냐고 말씀하셨다. 마침 이번 연휴에 TV에서 방영해 준다고 하였다. 부모님께서는 이미 보셨는데 다시 보고 싶다고 하시며 나와 함께 보셨다.

2 『EBS 논술톡』은 창의 인성 교육에 부응하는 독서 논술 교재입니다.

『EBS 논술톡』은 최근 창의 인성 교육의 필요성에 부응하여 나 · 가족, 학교, 이웃 · 동네, 국가 · 세계 등 4개의 대영역으로 구분하고, 인성 덕목 18개의 가치 요소로 나누어 학년별로 체계화하여 제시하였습니다. 인성 덕목 18개의 가치 요소는 학년별 특성에 맞도록 구성하여 하나의 주제로 이야기 글, 기타 글, 논술 주제로 구분하였습니다. 또 소주제를 제시하여 동화, 칭찬하는 글, 기사문, 광고문 등의 특성에 맞게 짜임새 있는 글로 조직하여 학생들에게 전달하고, 그 의미를 생각하게 하며, 이를 어떻게 읽고 자기 것으로 소화시킬 것인지 그에 대한 방법을 제시합니다.

구분	나 · 가족	학교	이웃 · 동네	국가 · 세계
1학년	효도	존중	협동	애국심
	사랑의 표현	사이좋은 친구	서로 돕는 우리	자랑스러운 우리나라
2학년	존중	배려	공익	자연애
	소중한 나	사이좋은 친구들	함께하는 우리	하나뿐인 지구
3학년	효도	책임	협동	애국심
	나의 사랑, 부모님	내 생활의 주인은 나	작은 힘도 모으면 큰 힘	나라 사랑 큰 나무
4학년	성실	자율	인류애	생명 존중
	내 마음 속 진심	나를 찾는 술래잡기	더불어 살아가는 우리	생명 사랑의 실천
5학년	통일의지	정의	존중	준법
	이산가족의 아픔	두 얼굴의 학교생활	모두를 위한 세상	법사랑 행복사회
6학년	절제	성실	예절	평화
	나와의 약속	성공의 열쇠	우리말 나들이	하나 된 지구촌

3 『EBS 논술톡』은 단계별 활동 중심의 독서 논술 교재입니다.

『EBS 논술톡』은 단순히 글을 읽고 써 보는 활동이 아닌, 각 소주제에 따라 생각틔우기, 생각키우기, 생각피우기, 생각퍼뜨리기의 4단계로 구성하여 읽고 쓰고 생각하는 활동을 하나의 과정으로 통합하여 제시하였습니다.

글을 읽기 전에 글의 배경을 먼저 알아보고, 자신의 경험을 생각하며 낱말을 익히는 활동을 합니다.

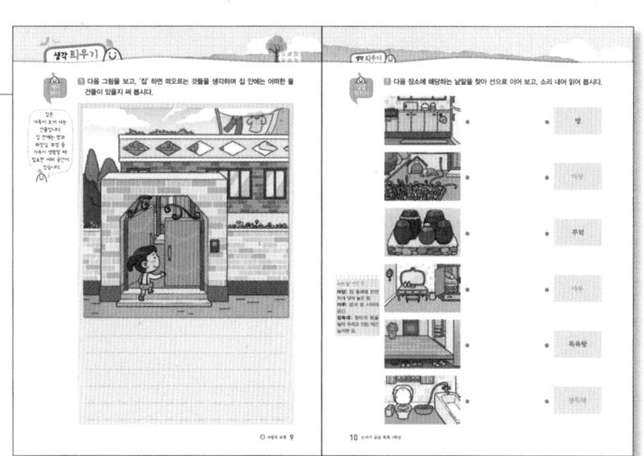

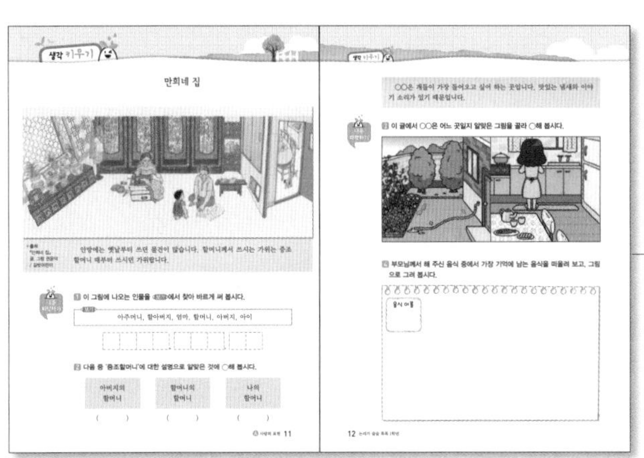

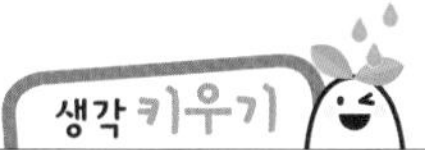

일정한 기준에 따라 글의 내용을 정리하며 글이 어떻게 연결되고 짜여 있는지 파악해 보고, 자신의 느낌과 생각을 표현해 보는 활동을 합니다.

글의 주제나 중심 생각 등에 대해 알아보고 예측해 보는 활동과 자신의 생활과 비교해 보며 글의 내용을 파악하고 확인하는 활동을 합니다.

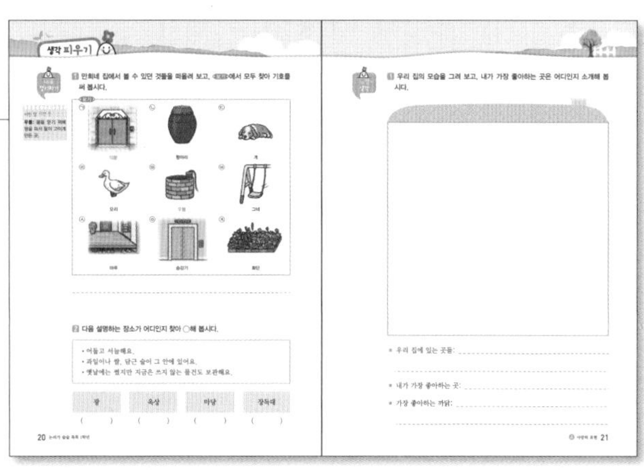

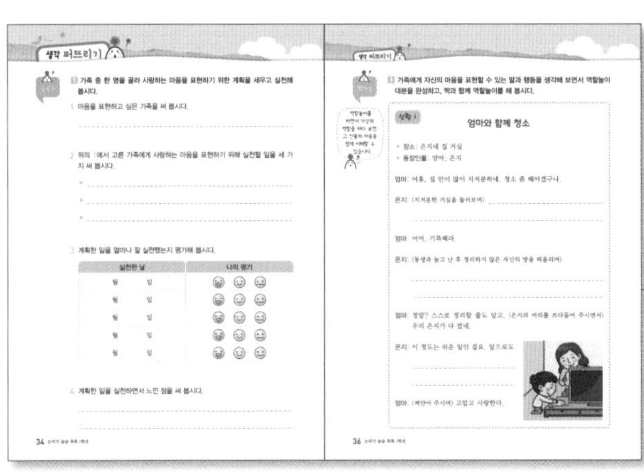

생각 퍼뜨리기

생각피우기에서 정리하고 표현한 내용을 형식화하고 일반화하는 과정을 통해 주제에 맞게 글을 써 보고 작품화하는 활동을 합니다.

EBS 논술톡의 **차례**

A 사랑의 표현 | 효도

이야기 글 1. 만희네 집 8

- 집과 관련된 것들을 자유롭게 떠올리기
- 그림을 살펴보며 내용 파악하기
- 읽은 내용을 정리하며 느낌과 생각 나타내기
- 가족 사랑을 생각하며 살고 싶은 집 꾸미기

기타 글 2. 엄마 저랑 결혼해요 23

- 엄마의 사랑 알기
- 동시의 내용 파악하기
- 사랑하는 가족 떠올리기
- 동시 바꾸어 쓰기

논술 주제 3. 가족에게 나의 마음을 어떻게 표현할까요 28

- 가정에서의 바른 행동 알기
- 화목하게 지내기 위한 방법 알기
- 가족에게 마음을 전하는 방법 생각하기
- 마음을 표현하기 위한 계획을 짜고 실천하기

B 사이좋은 친구 | 존중

이야기 글 1. 돼지, 강아지, 다육이 40

- 존중의 의미를 생각하며 상황에 관심 갖기
- 일어날 사건을 예측하며 내용 파악하기
- 읽은 내용을 정리하며 느낌과 생각 나타내기
- 이야기 속 인물과 인터뷰하기

기타 글 2. 개학 날 55

- 그림일기의 특성 알기
- 그림일기의 내용 파악하기
- 그림일기 속 인물의 마음 알기
- 다른 입장에서 그림일기 쓰기

논술 주제 3. 친구와 사이좋게 지내려면 어떻게 해야 할까요 60

- 친구의 잘못된 행동 파악하기
- 친구와 사이좋게 지내기 위한 방법 알기
- 친구 사이에 속상했던 경험 떠올리기
- 친구에게 마음이 담긴 편지 쓰기

C 서로 돕는 우리 | 협동

이야기 글 1. 우리가 구해 줄게! 72
- 협동과 관련된 내용 떠올리기
- 일어날 사건을 예측하며 내용 파악하기
- 읽은 내용을 정리하며 느낌과 생각 나타내기
- 협동하며 살아가는 이야기를 담아 층층이 책 만들기

기타 글 2. 공사 양해 안내문 86
- 안내문의 특성 알기
- 안내문의 내용 파악하기
- 안내문의 좋은 점 알기
- 상황에 알맞은 안내문 쓰기

논술 주제 3. 이웃 간에 소음 문제가 생겼을 때 어떻게 해야 할까요 92
- 이웃에게 피해를 주는 행동 알기
- 이웃 간에 발생한 문제의 해결 방법 알기
- 이웃 간의 소음 문제를 해결하기 위한 실천 방법 생각하기
- 이웃 간의 소음 문제를 해결하기 위한 다짐 카드 만들기

D 자랑스러운 우리나라 | 애국심

이야기 글 1. 단군 이야기 104
- 우리나라와 관련된 것들을 자유롭게 떠올리기
- 일어날 사건을 예측하며 내용 파악하기
- 읽은 내용을 정리하며 느낌과 생각 나타내기
- 나라 사랑을 위한 다짐 쓰기

기타 글 2. 느껴 봐요 대한민국, 사랑해요 대한민국 118
- 태극기를 그리고 캠페인 글의 특성 알기
- 캠페인 글의 내용 파악하기
- 태극기를 달았을 때의 기분 알기
- 캠페인 글 쓰기

논술 주제 3. 살기 좋은 나라를 만들기 위해 어떻게 해야 할까요 124
- 주변 사람들의 행동 파악하기
- 살기 좋은 나라를 만들기 위한 방법 알기
- 살기 좋은 나라를 만들기 위해 실천할 수 있는 일 생각하기
- 나라 사랑 다짐의 글 쓰기

A

사랑의 표현

효도는 부모님의 마음을 편안하고 기쁘게 해 드리는 것입니다. 효도는 옛날부터 중요하게 여기던 것으로, 누구나 마땅히 해야 할 기본적인 행동입니다. 부모님 또는 부모님처럼 나를 보살펴 주시는 분께 효도하는 것은 생활 속의 작은 실천으로부터 시작됩니다.

A-1. 만희네 집

■ **생각틔우기**
집과 관련된 것들을 자유롭게 떠올리기
■ **생각키우기**
그림을 살펴보며 내용 파악하기
■ **생각피우기**
읽은 내용을 정리하며 느낌과 생각 나타내기
■ **생각퍼뜨리기**
가족 사랑을 생각하며 살고 싶은 집 꾸미기

A-2. 엄마 저랑 결혼해요

■ **생각틔우기**
엄마의 사랑 알기
■ **생각키우기**
동시의 내용 파악하기
■ **생각피우기**
사랑하는 가족 떠올리기
■ **생각퍼뜨리기**
동시 바꾸어 쓰기

A-3. 가족에게 나의 마음을 어떻게 표현할까요

■ **생각틔우기**
가정에서의 바른 행동 알기
■ **생각키우기**
화목하게 지내기 위한 방법 알기
■ **생각피우기**
가족에게 마음을 전하는 방법 생각하기
■ **생각퍼뜨리기**
마음을 표현하기 위한 계획을 짜고 실천하기

A-1 만희네 집

공부한 날 ________년 ________월 ________일

공부할 문제 『만희네 집』을 읽고 가족 사랑의 마음을 느껴 봅시다.

생각틔우기 • 9

집과 관련된 것들을 자유롭게 떠올리기

생각키우기 • 11

그림을 살펴보며 내용 파악하기

생각피우기 • 20

읽은 내용을 정리하며 느낌과 생각 나타내기

생각퍼뜨리기 • 22

가족 사랑을 생각하며 살고 싶은 집 꾸미기

생각 틔우기

예측하기

1 다음 그림을 보고, '집' 하면 떠오르는 것들을 생각하며 집 안에는 어떠한 곳들이 있을지 써 봅시다.

집은 가족이 모여 사는 건물입니다. 집 안에는 방과 화장실, 부엌 등 가족이 생활할 때 필요한 여러 공간이 있습니다.

1 다음 장소에 해당하는 낱말을 찾아 선으로 이어 보고, 소리 내어 읽어 봅시다.

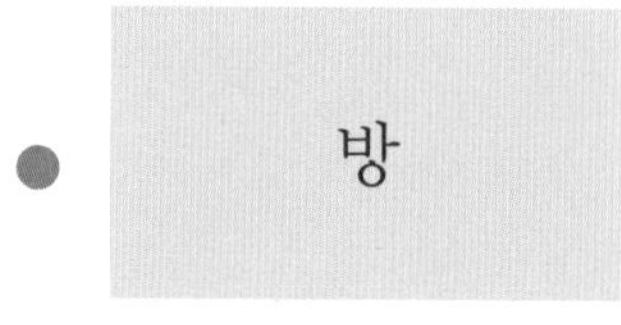

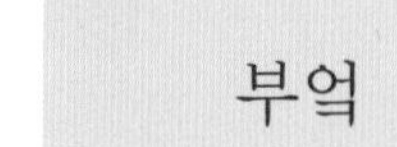

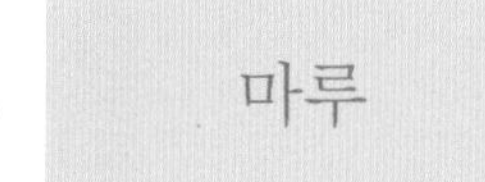

장독대

이런 말 이런 뜻

마당: 집 둘레에 반반하게 닦아 놓은 땅.

마루: 방과 방 사이의 공간.

장독대: 항아리 등을 놓아두려고 만든 약간 높직한 곳.

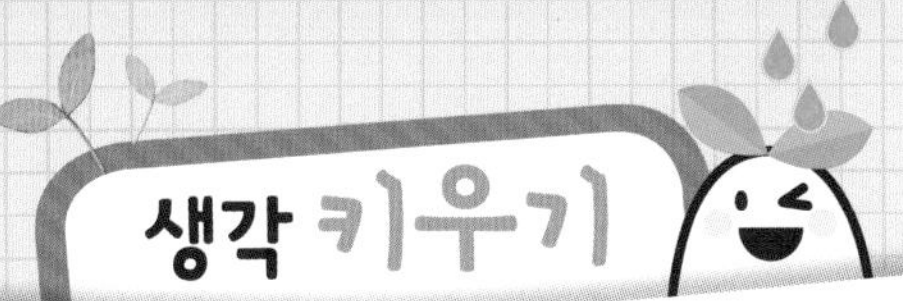

만희네 집

출처
『만희네 집』
글, 그림 권윤덕
/ 길벗어린이

안방에는 옛날부터 쓰던 물건이 많습니다. 할머니께서 쓰시는 가위는 증조할머니 때부터 쓰시던 가위랍니다.

1 이 그림에 나오는 인물을 보기에서 찾아 바르게 써 봅시다.

보기

아주머니, 할아버지, 엄마, 할머니, 아버지, 아이

| | | | |, | | | |, | | |

2 다음 중 '증조할머니'에 대한 설명으로 알맞은 것에 ○해 봅시다.

아버지의 할머니	할머니의 할머니	나의 할머니
(　　　)	(　　　)	(　　　)

○○은 개들이 가장 들어오고 싶어 하는 곳입니다. 맛있는 냄새와 이야기 소리가 있기 때문입니다.

3 이 글에서 ○○은 어느 곳일지 알맞은 그림을 골라 ○해 봅시다.

4 부모님께서 해 주신 음식 중에서 가장 기억에 남는 음식을 떠올려 보고, 그림으로 그려 봅시다.

광은 어둡고 서늘합니다. 과일이나 쌀, 담근 술이 그 안에 있어요. 옛날에는 썼지만 지금은 쓰지 않는 물건도 그 속에 보관하지요.

5 광 안에는 여러 가지 물건을 보관합니다. 이 글을 보고 광 안에 보관하는 물건의 붙임 딱지를 찾아 붙여 봅시다. (책의 맨 뒤에 있는 붙임 딱지를 사용합니다.)

이런 말 이런 뜻

광: 집 안에 보관하기 어려운 물건들을 넣어 두기 위해 집 바깥에 따로 만들어 두는 곳.

된장 항아리, 고추장 항아리, 간장 항아리……. 광 위의 장독대에는 여러 항아리가 있습니다. 그중에서도 소금 항아리, 마른 나물 항아리, 건어물 항아리, 빈 자루만 모아 놓은 항아리는 할머니께서 가장 잘 아십니다.

6 항아리 안에 보관할 수 있는 것들을 찾아 세 가지만 써 봅시다.

__________, __________, __________

7 나에게 항아리가 세 개 있다면 그 안에 각각 무엇을 보관하고 싶은지 항아리 안에 그려 봅시다.

이런 말 이런 뜻

장독대: 항아리 등을 놓아두려고 만든 약간 높직한 곳.

건어물: 생선이나 조개류 등을 말린 것.

앞뜰 화단에는 접시꽃, 도라지, 해바라기, 나리, 분꽃, 홍초, 옥잠화가 모여 삽니다. 봄에는 하얀 목련과 붉은 모란과 라일락도 핍니다.

8 다음 중에서 이 글의 내용으로 맞으면 ○하고, 틀리면 ×해 봅시다.

봄에는 하얀 목련과 붉은 모란이 핍니다.	(　　　)
앞뜰 화단에는 여러 가지 곤충들이 모여 삽니다.	(　　　)

9 화단에 심고 싶은 꽃을 생각해 보고, 빈 화단 안에 예쁘게 그려 봅시다.

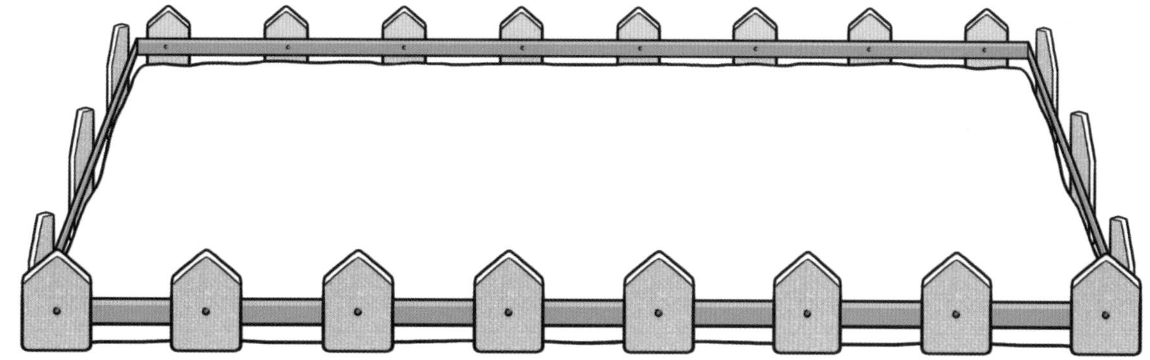

이런 말 이런 뜻

앞뜰: 집채 앞에 있는 평평한 빈터.

화단: 화초를 심기 위하여 흙을 약간 높게 쌓아 만든 꽃밭.

마루로 올라서서 오른쪽을 보면 만희 방이 있습니다. 놀 때는 마루까지 만희 방이 됩니다. 없어진 장난감은 틀림없이 개집에 있습니다.

10 **없어진 장난감은 어디에 있다고 하였는지 알맞은 곳을 찾아 ◯해 봅시다.**

마루	개집	만희 방
( )	( )	( )

11 **내 방에서 가장 하고 싶은 놀이는 무엇인지 생각하여 다음에 알맞게 써 봅시다.**

- 하고 싶은 놀이: ______
- 함께 놀고 싶은 사람: ______
- 놀이의 방법: ______

______

이런 말 이런 뜻

마루: 방과 방 사이의 공간.

목욕탕에서 물놀이하는 것도 즐겁지요. 아빠는 비누 거품으로 공룡 발톱을 만들어 보입니다.

12 아빠와 함께 했던 즐거운 경험을 그림으로 그려 봅시다.

옥상엔 할아버지께서 가꾸시는 작은 야채밭이 있습니다. 야채밭에선 고추와 상추, 호박, 파 등이 자랍니다.

13 옥상에 있는 야채밭은 누가 가꾸는지 써 봅시다.

이런 말 이런 뜻

옥상: 마당처럼 평면으로 만든 지붕의 위.

14 우리 집에 야채밭이 있다면 어떤 야채를 가꾸고 싶은지 그 까닭과 함께 써 봅시다.

- 가꾸고 싶은 야채:
- 가꾸고 싶은 까닭:

옥상 한쪽엔 빨랫줄이 있습니다. 햇볕이 좋은 날엔 엄마가 이불을 내다 넙니다. 만희는 부드러운 이불 속으로 물고기처럼 헤엄쳐 다닙니다.

15 엄마가 이불을 내다 너는 날은 언제인지 ◯해 봅시다.

비가 오는 날	햇볕이 좋은 날	구름이 잔뜩 낀 흐린 날
(　　　)	(　　　)	(　　　)

16 엄마를 도와 내가 할 수 있는 집안일에는 어떤 것이 있는지 세 가지만 써 봅시다.

■ ______________________________

■ ______________________________

■ ______________________________

생각 피우기

이런 말 이런 뜻

우물: 물을 얻기 위해 땅을 파서 물이 고이게 만든 곳.

1 만희네 집에서 볼 수 있던 것들을 떠올려 보고, 보기에서 모두 찾아 기호를 써 봅시다.

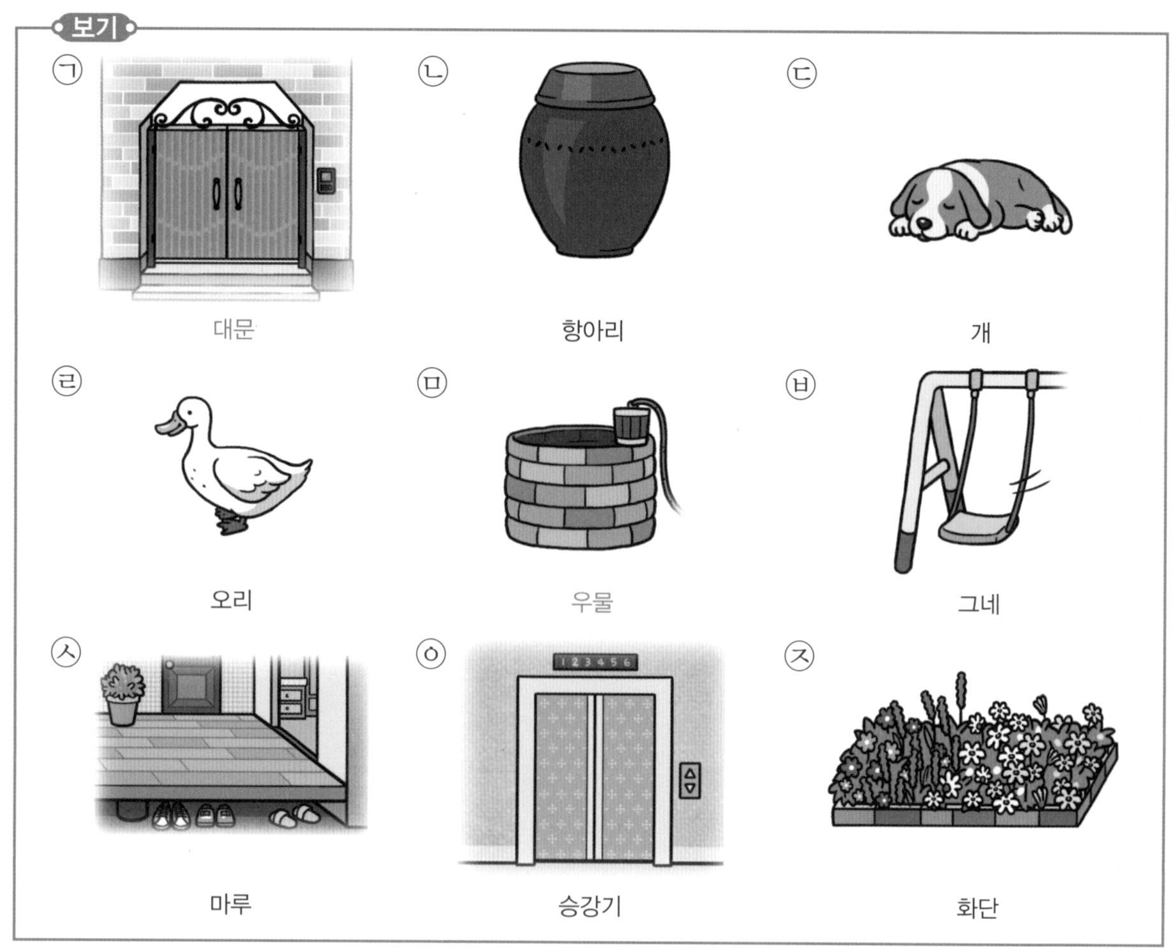

2 다음 설명하는 장소가 어디인지 찾아 ○해 봅시다.

- 어둡고 서늘해요.
- 과일이나 쌀, 담근 술이 그 안에 있어요.
- 옛날에는 썼지만 지금은 쓰지 않는 물건도 보관해요.

광	옥상	마당	장독대
(　　)	(　　)	(　　)	(　　)

1 우리 집의 모습을 그려 보고, 내가 가장 좋아하는 곳은 어디인지 소개해 봅시다.

■ 우리 집에 있는 곳들: ______________________

____

■ 내가 가장 좋아하는 곳: ______________________

■ 가장 좋아하는 까닭: ______________________

____

생각 퍼뜨리기

1 사랑하는 가족과 더 행복하게 살기 위해서 우리 집에 있으면 좋을 공간을 떠올려서 그려 보고, 어떤 곳인지 소개해 봅시다.

A-2 엄마 저랑 결혼해요

공부한 날 ______ 년 ______ 월 ______ 일

공부할 문제 엄마의 사랑을 표현한 동시를 읽고 동시의 일부분을 바꾸어 써 봅시다.

생각틔우기 • 24
엄마의 사랑 알기

생각키우기 • 25
동시의 내용 파악하기

생각피우기 • 26
사랑하는 가족 떠올리기

생각퍼뜨리기 • 27
동시 바꾸어 쓰기

생각 틔우기

1 다음 중 엄마의 사랑을 표현한 모습을 모두 찾아 ○해 봅시다.

2 엄마의 사랑을 느꼈던 경험을 떠올려 보고, 기억에 남는 모습을 그림으로 그려 봅시다.

엄마 저랑 결혼해요

최 향

사랑은
자꾸 쳐다봐도
또 쳐다보고 싶은 거래

언제나 옆에 있어도
조마조마
마음 설레이는 거래

만나면
뺨 부비고 입 맞추고 싶은 게
사랑이래

그럼 난 엄마를
사랑하네

엄마 저랑 결혼해요.

이런 말 이런 뜻

설레다: 마음이 가라앉지 않고 들떠서 두근거리다.

동시란 어린이들의 마음을 생각하며 어린이들을 위하여 쓴 시를 말합니다.

내용 파악하기

1 이 동시에서 사랑이라고 말한 것을 모두 찾아 ◯해 봅시다.

옆에 있으면 마음이 편안해지는 것	(　　　)
자꾸 쳐다봐도 또 쳐다보고 싶은 것	(　　　)
만나면 뺨 부비고 입 맞추고 싶은 것	(　　　)

1 **사랑하는 가족을 한 명씩 떠올려 보고, 자유롭게 생각 그물을 완성해 봅시다.**

생각 그물을 그릴 때에는

- 생각나는 대로 자유롭게 그려요.
- 주어진 빈칸 외에 자유롭게 선과 빈칸을 더 그리면서 생각을 완성해요.

생각 그물은 마인드맵이라고도 하며 마음속에 지도를 그리듯이 떠오르는 생각을 정리하는 방법입니다.

사랑하는 가족

우리 할머니는 자상하시다. 맛있는 것을 많이 사 주신다.

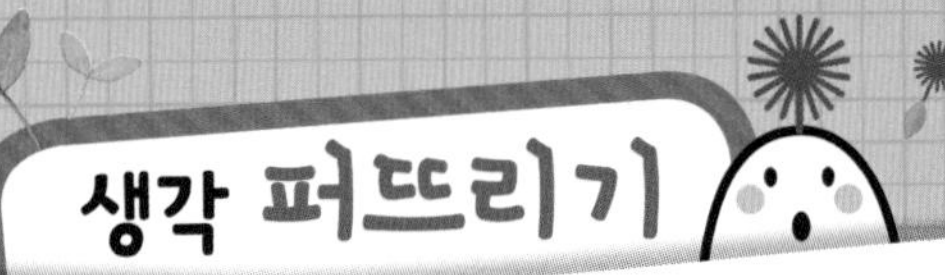

1 26쪽에서 완성한 생각 그물을 바탕으로 하여, 동시 「엄마 저랑 결혼해요」의 일부분을 바꾸어 봅시다. 그리고 빈 곳에 어울리는 그림도 그려 봅시다.

[ ] 저랑 결혼해요

이름 [ ]

사랑은
자꾸 쳐다봐도
또 쳐다보고 싶은 거래

언제나 옆에 있어도
조마조마
[ ] 거래

만나면
[ ] 싶은 게
사랑이래

그럼 난 [ ] 를
사랑하네

[ ] 저랑 결혼해요.

A-3 가족에게 나의 마음을 어떻게 표현할까요

공부한 날 ________ 년 ________ 월 ________ 일

공부할 문제 가족에게 나의 마음을 표현할 수 있는 방법을 생각해 봅시다.

생각티우기 • 29
가정에서의 바른 행동 알기

생각키우기 • 30
화목하게 지내기 위한 방법 알기

생각피우기 • 32
가족에게 마음을 전하는 방법 생각하기

생각퍼뜨리기 • 34
마음을 표현하기 위한 계획을 짜고 실천하기

1 다음 그림을 보고, 바른 행동에는 (웃는 얼굴) 붙임딱지를, 바르지 못한 행동에는 (우는 얼굴) 붙임딱지를 ◯에 붙여 봅시다. (책의 맨 뒤에 있는 붙임 딱지를 사용합니다.)

2 다음 중에서 스스로 잘하고 있는 것을 모두 찾아 ◯해 봅시다.

내 방 정리는 내가 합니다.	( )
부모님의 말씀을 잘 듣습니다.	( )
현관에 신발을 정돈해서 벗어 놓습니다.	( )
동생이나 언니, 오빠, 형과 사이좋게 지냅니다.	( )

이런 말 이런 뜻

현관: 건물의 주된 출입구, 또는 그곳에 있는 문.

생각 키우기

1 가족과 화목하게 지내기 위해서 다음과 같은 상황에서는 어떻게 행동하면 좋을지 알맞은 것을 찾아 선으로 이어 봅시다.

- 말씀을 귀담아듣고 심부름을 합니다.
- 귀찮아하면서 심부름을 하지 않습니다.

- 엄마를 도와 함께 빨래를 갭니다.
- 못 본 척하고 밖으로 나가 놉니다.

- 동생이 더 울도록 놀립니다.
- 동생을 달래고 함께 놀아 줍니다.

- 부모님을 도와 함께 식사 준비를 합니다.
- 식사하라고 부르실 때까지 신나게 놉니다.

문제 해결하기

1 가족에게 힘이 되어 줄 수 있는 말을 떠올려 보고, 다음 상황에서 가족에게 어떤 말을 하면 좋을지 써 봅시다.

엄마가 아프실 때

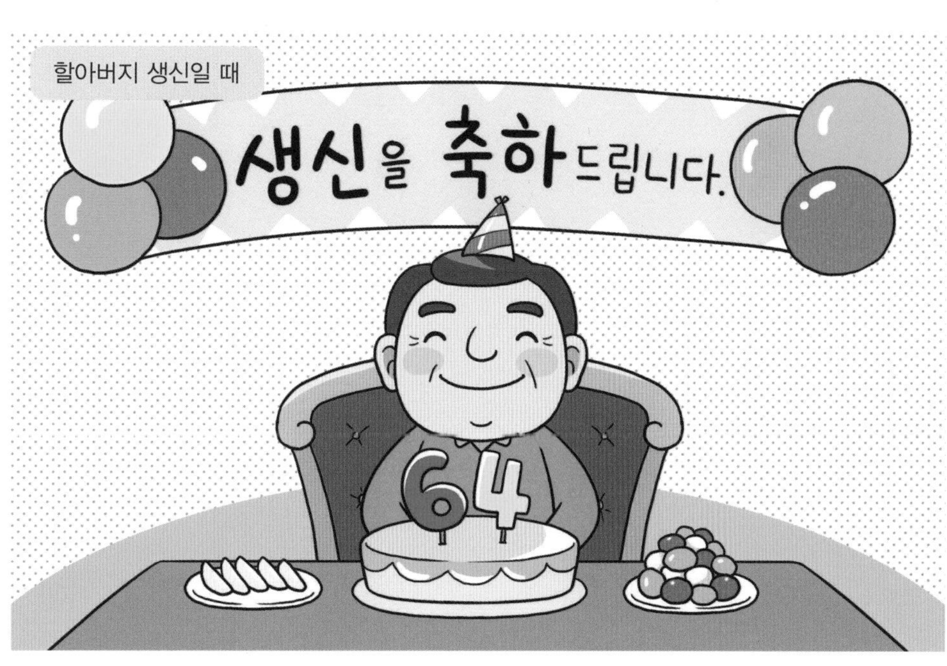
할아버지 생신일 때
생신을 축하드립니다.
64

초고 쓰기

1 사랑하는 가족의 모습과 특징을 떠올려서 소개해 보고, 가족에게 자신의 마음을 전하는 방법을 써 봅시다.

가족을 소개할 때에는 평소의 모습을 떠올려 보고 특징이 잘 드러나게 표현하는 것이 좋습니다.

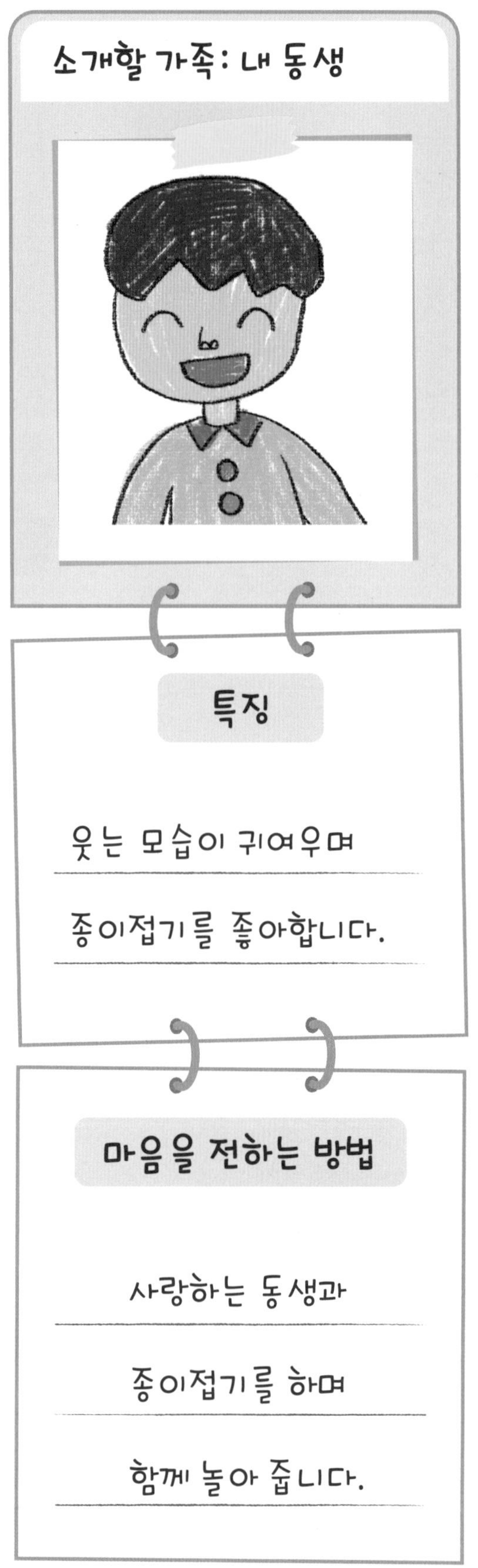

소개할 가족: 내 동생
특징
웃는 모습이 귀여우며
종이접기를 좋아합니다.
마음을 전하는 방법
사랑하는 동생과
종이접기를 하며
함께 놀아 줍니다.

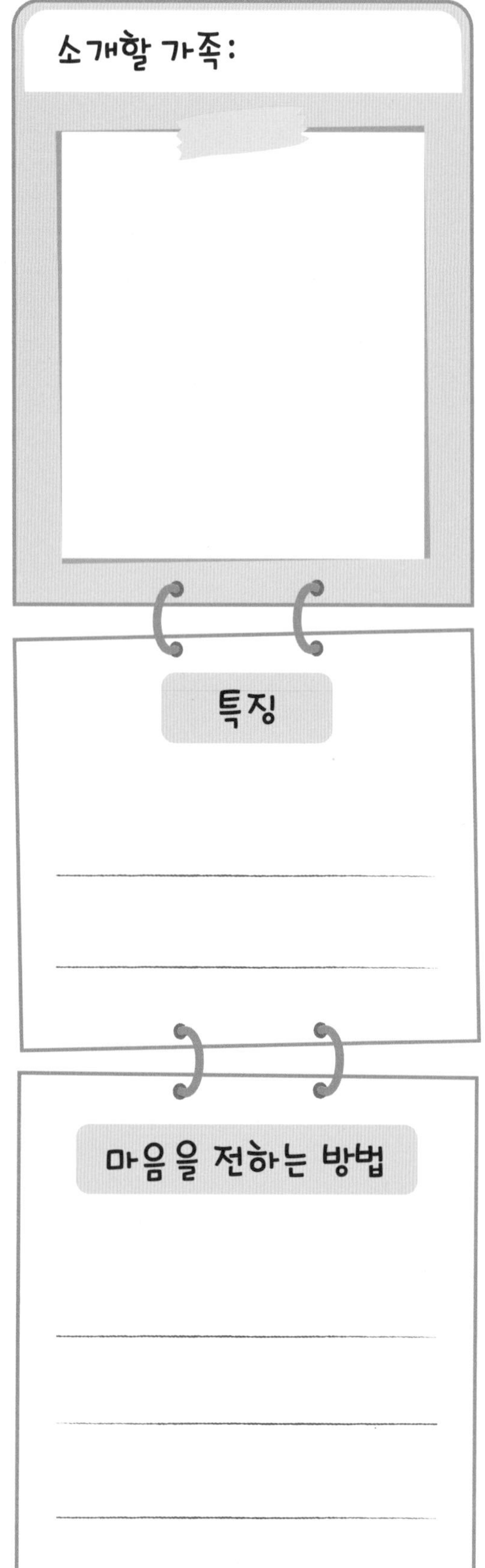

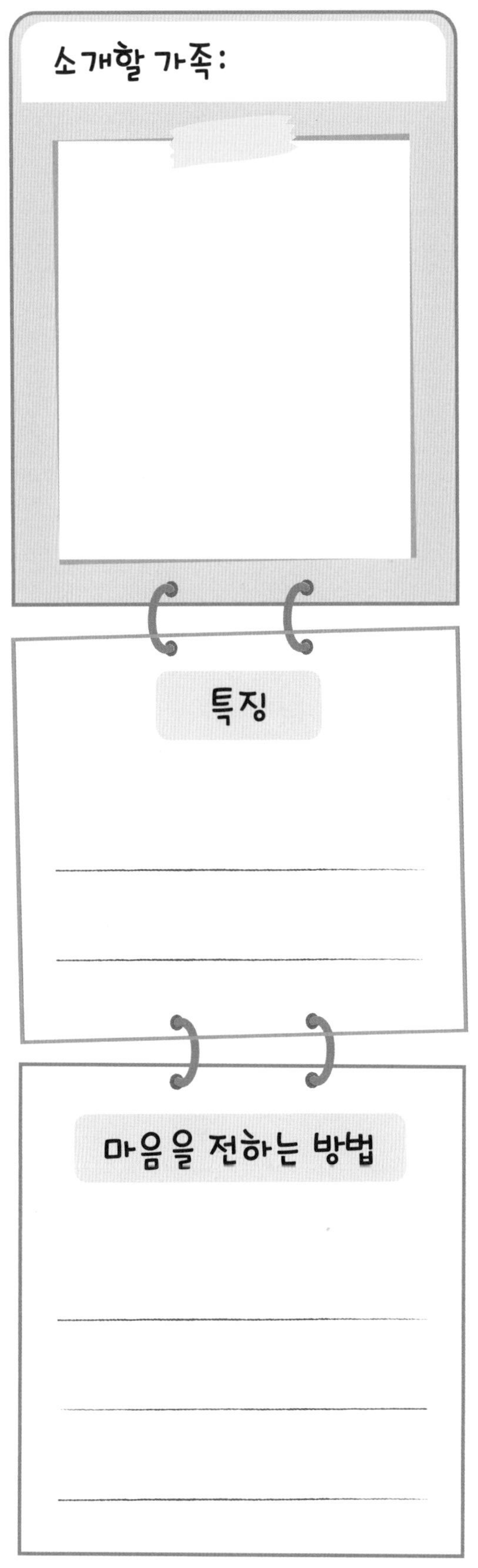

소개할 가족:
특징
마음을 전하는 방법

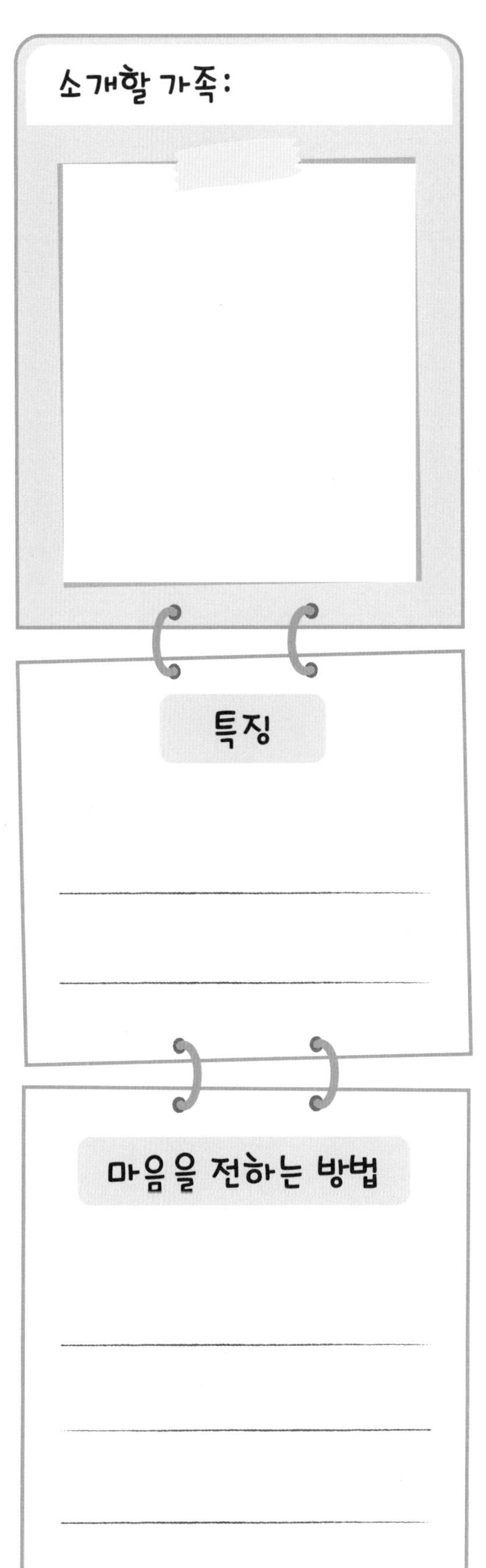

소개할 가족:
특징
마음을 전하는 방법

1 가족 중 한 명을 골라 사랑하는 마음을 표현하기 위한 계획을 세우고 실천해 봅시다.

1 마음을 표현하고 싶은 가족을 써 봅시다.

2 위의 1에서 고른 가족에게 사랑하는 마음을 표현하기 위해 실천할 일을 세 가지 써 봅시다.

-
-
-

3 계획한 일을 얼마나 잘 실천했는지 평가해 봅시다.

실천한 날	나의 평가
월 일	
월 일	
월 일	
월 일	
월 일	

4 계획한 일을 실천하면서 느낀 점을 써 봅시다.

1 가족 사랑을 실천하는 동안 있었던 일들을 떠올려 보면서 다음 물음에 답해 봅시다.

1 가족에게 사랑하는 마음을 표현하면서 즐거웠거나 아쉬웠던 일들 중에서 가장 기억에 남는 일을 그림으로 그려 봅시다.

2 어떤 일을 그림으로 그렸는지 써 봅시다.

3 그때의 기분은 어떠하였는지 써 봅시다.

4 가족에게 사랑하는 마음을 표현하는 방법에는 또 어떤 것이 있을지 생각하여 써 봅시다.

역할놀이를 하면서 가상의 역할을 하다 보면, 그 인물의 마음을 쉽게 이해할 수 있습니다.

1 가족에게 자신의 마음을 표현할 수 있는 말과 행동을 생각해 보면서 역할놀이 대본을 완성하고, 짝과 함께 역할놀이를 해 봅시다.

상황 1

엄마와 함께 청소

- 장소: 은지네 집 거실
- 등장인물: 엄마, 은지

엄마: 어휴, 집 안이 많이 지저분하네. 청소 좀 해야겠구나.

은지: (지저분한 거실을 둘러보며) ______________________

____

엄마: 어머, 기특해라.

은지: (동생과 놀고 난 후 정리하지 않은 자신의 방을 떠올리며)

____

____

엄마: 정말? 스스로 정리할 줄도 알고, (은지의 머리를 쓰다듬어 주시면서) 우리 은지가 다 컸네.

은지: 이 정도는 쉬운 일인 걸요. 앞으로도

____

____

엄마: (껴안아 주시며) 고맙고 사랑한다.

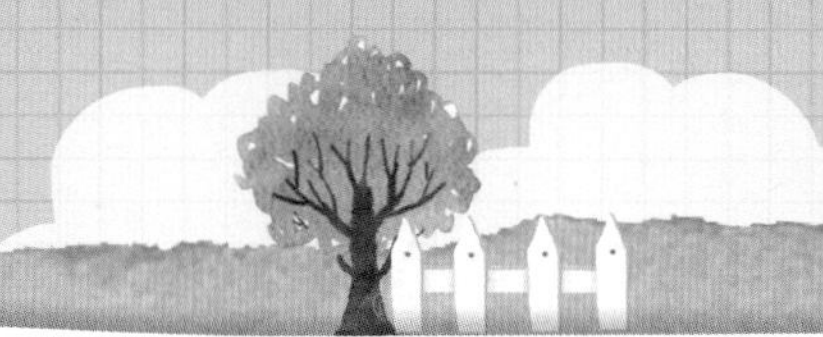

상황 2

아빠의 퇴근

- 장소: 규섭이네 집 현관
- 등장인물: 아빠, 규섭

(초인종 소리) 딩동딩동

규섭: 누구세요?

아빠: (피곤한 목소리로) 아빠야.

규섭: (방에서 놀다 뛰어나와 문을 열며) ____________________

____

아빠: 우리 규섭이가 이렇게 반갑게 맞아 주니 아빠가 기분이 무척 좋구나.

규섭: (피곤해하시는 아빠의 모습을 살피며) ____________________

____

아빠: (밝게 웃으시며) 고맙구나, 우리 규섭이 말만 들어도 벌써부터 피로가 싹 풀리는 것 같네.

규섭: 사랑해요, 아빠! 앞으로도 제가 ______

____

____

____

B

사이좋은 친구

존중은 다른 사람을 높이고 귀중하게 대하는 것입니다. 사람은 누구나 똑같이 태어났으며 모두 소중합니다. 또한 우리는 다른 사람이 어디에 사는지, 어떤 일을 하는지 등에 상관없이 존중하면서 대해야 합니다.

B-1. 돼지, 강아지, 다육이

- **생각틔우기**
  존중의 의미를 생각하며 상황에 관심 갖기
- **생각키우기**
  일어날 사건을 예측하며 내용 파악하기
- **생각피우기**
  읽은 내용을 정리하며 느낌과 생각 나타내기
- **생각퍼뜨리기**
  이야기 속 인물과 인터뷰하기

B-2. 개학 날

- **생각틔우기**
  그림일기의 특성 알기
- **생각키우기**
  그림일기의 내용 파악하기
- **생각피우기**
  그림일기 속 인물의 마음 알기
- **생각퍼뜨리기**
  다른 입장에서 그림일기 쓰기

B-3. 친구와 사이좋게 지내려면 어떻게 해야 할까요

- **생각틔우기**
  친구의 잘못된 행동 파악하기
- **생각키우기**
  친구와 사이좋게 지내기 위한 방법 알기
- **생각피우기**
  친구 사이에 속상했던 경험 떠올리기
- **생각퍼뜨리기**
  친구에게 마음이 담긴 편지 쓰기

B-1 돼지, 강아지, 다육이

공부한 날 ________년 ________월 ________일

공부할 문제 「돼지, 강아지, 다육이」를 읽고 친구의 상황에 관심을 가지며 서로 존중해 봅시다.

생각틔우기 • 41

존중의 의미를 생각하며 상황에 관심 갖기

생각키우기 • 43

일어날 사건을 예측하며 내용 파악하기

생각피우기 • 51

읽은 내용을 정리하며 느낌과 생각 나타내기

생각퍼뜨리기 • 53

이야기 속 인물과 인터뷰하기

1 다음 상황의 결과로 알맞은 것을 모두 찾아 선으로 이어 봅시다.

친구의 마음을 아프게 합니다.	친구 사이가 좋아집니다.	친구 사이가 나빠집니다.	친구가 고마움을 느낍니다.

2 다음과 같이 친구가 별명을 부르며 놀린다면 어떻게 할지 써 봅시다.

1 다음 설명에 알맞은 낱말을 보기에서 찾아 써 봅시다.

보기

걱정, 체육복, 얄밉다, 다육식물

체육을 할 때 입는 옷.	안심이 되지 않아 속을 태움.
( )	( )
말이나 행동이 약빠르고 밉다.	잎이나 줄기 속에 많은 수분을 가지고 있는 식물.
( )	( )

2 다음 설명에 알맞은 흉내 내는 말을 찾아 선으로 이어 봅시다.

설명			흉내 내는 말
머리를 좌우로 자꾸 흔드는 모양.	●	●	왁자지껄
낮고 빠른 목소리로 자꾸 재깔이는 소리.	●	●	재잘재잘
느릿느릿 힘없는 걸음으로 걸어가는 모양.	●	●	절레절레
여럿이 정신이 어지럽도록 시끄럽게 떠드는 소리.	●	●	터벅터벅

생각 키우기

예측하기

이야기의 전개란 이야기가 어떠한 사건에 따라 진행되어 가는 과정입니다.

1 다음 그림을 보고, 어떤 이야기가 이어질지 생각하여 써 봅시다.

돼지, 강아지, 다육이

김상규

문장의 앞뒤를 살펴보면 낱말의 뜻을 예측해 볼 수 있습니다.

민수는 체육복이 든 작고 귀여운 가방을 메고 학교로 출발했습니다. 오늘은 체육이 들었으니까요.

"학교 다녀오겠습니다."

"그래, 친구들하고 잘 지내고."

민수는 씩씩하게 인사를 하고, 엄마에게 손을 흔들며 출발했습니다.

그렇지만 엄마에게 말하지 않은 게 있어요. 오늘은 친구들하고 잘 지낼 수 있을까? 아이들이 놀리지 않을까? 민수는 그게 걱정이랍니다. 학교 이야기는 자주 하는 편이지만, 안 좋은 이야기는 안 하지요. 엄마가 걱정할까 봐요.

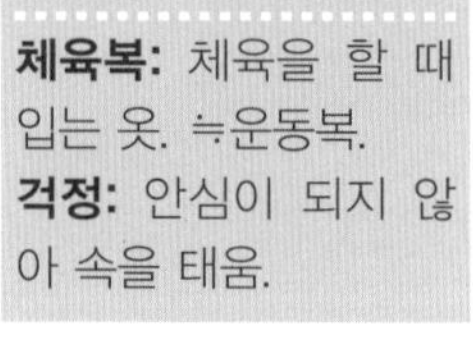

이런 말 이런 뜻

체육복: 체육을 할 때 입는 옷. ≒운동복.

걱정: 안심이 되지 않아 속을 태움.

1 민수의 걱정은 무엇인지 써 봅시다.

2 민수가 안 좋은 이야기를 엄마에게 하지 않는 까닭을 써 봅시다.

걸어가다 보니 철호가 보입니다. 철호는 어깨가 축 쳐진 모습으로 터벅터벅 걷고 있네요. 철호도 뭔가 걱정이 있는 것처럼 보입니다. 그렇지만 선뜻 철호에게 왜 그러냐고 말을 걸기도 어렵습니다. 민수는 아무 말 없이 철호 옆으로 가서 같이 걷습니다.

"어? 민수야, 안녕."

철호가 먼저 인사를 합니다.

"응, 철호야, 잘 잤어?"

그러자 철호가 시무룩한 표정을 짓습니다.

"왜?"

"애들이 돼지라고 놀리잖아……."

철호는 좀 통통합니다. 그런데 민수는 어쩐지 그 말이 반갑기도 합니다.

"나도 애들이 놀려. 나는 이름도 잘 모르는데, 강아지 흉내 내는 어떤 개그맨 닮았다고 강아지래."

친구들에게 놀림을 당하는 둘은 말없이 걷기만 합니다. 학교 가기가 싫은 것 같습니다.

이런 말 이런 뜻

터벅터벅: 느릿느릿 힘없는 걸음으로 걸어가는 모양.

시무룩하다: 마음에 못마땅하여 말이 없고 얼굴에 언짢은 기색이 있다.

개그맨: 익살이나 우스갯소리를 하여 일반 대중을 즐겁게 하는 일을 직업으로 하는 사람. ≒익살꾼.

내용 파악하기

3 친구들이 철호를 무엇이라고 부르며 놀리는지 써 봅시다.

4 민수와 철호가 학교에 가기 싫어한 까닭은 무엇인지 써 봅시다.

어느새 교실에 들어왔지요. 교실은 왁자지껄 아이들의 떠드는 소리로 시끄럽습니다. 아직 선생님도 오실 시간이 아니고, 게다가 놀림 대장 정욱이도 자리에 없습니다.

안심하고 있던 바로 그때였습니다. 문이 열리면서 작은 화분을 들고 놀림 대장 정욱이가 뛰어 들어오며 소리쳤습니다.

"야, 야, 선생님 온다."

'온다가 뭐람, 오신다지.' 민수는 그렇게 생각했습니다. 그런데 그 순간, 대걸레로 닦은 교실 문 앞에 남아 있던 물기를 밟고 정욱이가 미끄러졌습니다.

이런 말 이런 뜻

왁자지껄: 여럿이 정신이 어지럽도록 시끄럽게 떠들고 지껄이는 소리. 또는 그 모양.

내용 파악하기

5 민수는 정욱이를 무엇이라고 생각하는지 써 봅시다.

6 문을 열고 들어오던 정욱이가 미끄러진 까닭을 써 봅시다.

"어, 어, 어……."

정욱이가 들고 있던 작은 화분이 공중으로 떠올랐습니다. 그러더니 흙이 정욱이의 얼굴로 떨어지고, 화분 속에 있던 다육식물들이 정욱이의 얼굴이며 몸으로 흩어졌습니다.

그 순간은 시간이 아주 천천히 흘러가는 것처럼, 정욱이가 넘어지는 모습이 오랫동안 보였습니다.

"하하하하!"

"깔깔깔 까르르."

반 친구들이 동시에 큰 소리로 웃었습니다. 그러더니 한 아이가 일어나서 박수를 치며 말하였습니다.

"알나리깔나리 정욱이는 다육이래요, 다육이래요."

그러자 다른 아이들도 "다육이래요, 다육이래요." 하며 같이 따라합니다. 정욱이는 넘어진 것도 아프고 창피한데, 아이들이 놀리니까 너무 속상했습니다.

이런 말 이런 뜻

다육식물: 잎이나 줄기 속에 많은 수분을 가지고 있는 식물.

알나리깔나리: 아이들이 남을 놀릴 때 하는 말.

내용 파악하기

7 정욱이가 넘어지자 반 친구들은 어떻게 했는지 써 봅시다.

이런 말 이런 뜻

얄밉다: 말이나 행동이 약빠르고 밉다.

재잘재잘: 낮고 빠른 목소리로 자꾸 재깔이는 소리. 또는 그 모양.

"일어나."

철호가 손으로 정욱이 옷의 흙을 털어 주었습니다.

"괜찮아?"

민수도 자기를 놀리는 정욱이가 얄밉기는 했지만, 아이들이 정욱이를 놀리는 것도 옳지 않다고 생각해서 흙을 털어 주었습니다.

"그만해, 친구끼리 놀리는 거 아냐."

민수가 큰 소리로 말합니다.

그러자 반 친구들은 하나둘씩 놀리는 걸 멈추더니 각자의 자리로 돌아가 다시 재잘재잘 떠듭니다.

8 민수가 정욱이 옷의 흙을 털어 준 까닭은 무엇인지 써 봅시다.

정욱이가 넘어진 것을 아이들은 금방 까맣게 잊은 것 같습니다.

민수와 철호가 정욱이가 넘어지면서 엎은 화분을 청소해 주었습니다. 친구니까요. 빗자루로 쓸고, 대걸레로 닦고.

정욱이는 얼굴하고 손을 씻고 왔지요. 깨끗해지기는 했지만, 표정은 좋지 않습니다. 울지는 않았지만, 누가 손가락으로 콕 찌르면 금방 눈물이 쏟아질 것처럼 보입니다.

그런데 담임 선생님이 이제야 들어오십니다. 아마 정욱이가 선생님이 오신다고 한 건 교무실로 들어가시는 걸 보고 그랬나 봅니다.

선생님께서는 오늘 할 일들에 대해 안내해 주시고, 체육 수업을 할 테니 밖으로 나가자고 하셨습니다. 다들 체육 수업을 하기 위해 체육복으로 갈아입고 운동장으로 나갑니다.

그런데 체육복을 갈아입은 철호가 나가지 않고 자리에 앉습니다.

"철호야, 나가자."

민수가 철호에게 말합니다.

"……."

철호는 말은 하지 않지만, 나가기가 싫은가 봅니다.

"철호야, 나가자. 체육 시간이잖아."

민수가 다시 한 번 말합니다.

그러자 철호는 고개를 절레절레 흔듭니다.

"싫어, 애들이 돼지라고 놀릴 거야."

'아, 어쩌지? 철호랑 교실에 있을 수도 없고, 나가야 하는데…….'

민수는 마음속으로 생각합니다.

이런 말 이런 뜻

까맣다: 기억이나 아는 바가 전혀 없다.

절레절레: 머리를 좌우로 자꾸 흔드는 모양.

9 민수와 철호는 왜 정욱이가 쏟은 화분을 청소하였는지 써 봅시다.

10 철호가 운동장으로 나가기 싫어한 까닭을 써 봅시다.

그때입니다. 교실문이 열리면서 앞서 나갔던 정욱이가 들어옵니다.

"안 나올 거야?"

정욱이가 걱정이 되어 들어온 모양입니다. 친구니까요.

"애들이 놀린다고……."

민수의 말을 듣고, 정욱이가 잠시 생각하다가 말합니다.

"미안해. 이젠 안 놀릴게. 아까 애들이 놀리니까 너무 슬프더라. 너희들도 그랬지? 미안해."

어, 그러자 갑자기 철호가 후다닥 일어나서 나갑니다.

"야, 운동하러 가자."

철호가 민수와 정욱이를 돌아보며 말합니다. 민수도 정욱이도 운동장으로 뛰어나갑니다. 거기에는 돼지, 강아지, 다육이는 없네요. 세 친구만 있네요.

11 정욱이는 왜 교실로 들어왔는지 써 봅시다.

---

12 철호가 일어나서 운동장으로 가자고 한 까닭을 써 봅시다.

생각 피우기

1 「돼지, 강아지, 다육이」 이야기의 내용을 떠올리며, 물음에 '네', '아니요'로 답하면서 민수가 학교에 잘 도착할 수 있도록 따라가 봅시다.

민수는 학교 가는 길에 철호를 만났다.

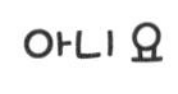

민수는 친구들을 만날 생각에 즐겁게 학교로 갔다.

네

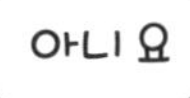

정욱이가 교실로 들어오면서 미끄러졌다.

아니요

미끄러지는 정욱이를 보고 반 친구들이 큰 소리로 웃었다.

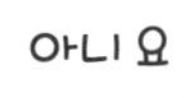

민수와 철호는 미끄러진 정욱이를 모르는 척하였다.

네

철호는 친구들이 놀릴까 봐 운동장에 나가기 싫어했다.

네

1 다음 그림에서 철호와 정욱이의 속마음을 알맞게 표현한 붙임 딱지를 찾아 말 주머니 위에 붙여 봅시다. (책의 맨 뒤에 있는 붙임 딱지를 사용합니다.)

이야기의 앞뒤 상황을 이해하면 인물이 한 말의 속뜻을 헤아려 볼 수 있습니다.

2 학교생활에서 민수나 철호와 비슷했던 자신의 경험에 대해 써 봅시다.

언제	
어디서	
누구와	
무슨 일로	
그때 나의 기분	

생각 퍼뜨리기

일반화

평소 친구들과 나의 관계를 생각해 보면서 평가표를 완성해 봅시다.

1 나는 학교에서 친구들과 어떻게 지내고 있는지 스스로 평가해 봅시다. 그리고 친구들과 사이좋게 지내기 위한 다짐을 써 봅시다.

친구들과 사이좋게 지내고 있다.	네 아니요
친구의 마음을 항상 이해하려고 한다.	네 아니요
친구가 실수를 한 이유를 알아보려고 한다.	네 아니요
친구와 자주 대화하며 친하게 지내려고 한다.	네 아니요
친구에게 서운한 일은 솔직하게 말하고 기분을 푼다.	네 아니요
나의 다짐	

2 내가 민수나 철호라면 정욱이를 놀리는 친구들에게 어떻게 말하였을지 빈 말주머니에 써 봅시다.

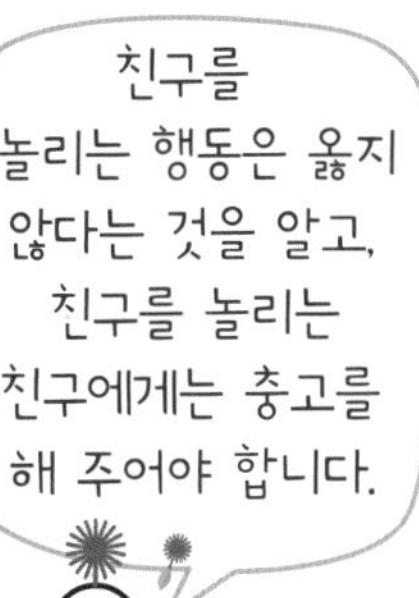

친구를 놀리는 행동은 옳지 않다는 것을 알고, 친구를 놀리는 친구에게는 충고를 해 주어야 합니다.

1 이야기 속 민수의 마음을 떠올려 보고, 기자가 되어 민수와 인터뷰를 해 봅시다. 그리고 기자의 질문에 대해 민수의 입장에서 답해 봅시다.

인터뷰란 특정한 목적을 가지고 개인이나 집단을 만나 정보를 수집하고 이야기를 나누는 일입니다.

기자

학교 가는 길에 철호를 만났을 때 기분이 어떠했나요?

민수

만나서 반가웠고, 친구들이 놀리는 것 때문에 속상해한다는 걸 알고 마음이 이해되었어요.

기자

넘어지는 정욱이를 보고 처음에 어떤 기분이 들었나요?

민수

기자

민수

기자

민수

인터뷰할 때 주의할 점
- 질문의 내용은 이해하기 쉽고 정확해야 합니다.
- 인터뷰를 하는 대상과 관련된 질문을 합니다.
- 인터뷰할 때 상대방에게 예의를 갖추어야 합니다.

B-2 개학 날

공부한 날 ______년 ______월 ______일

공부할 문제

그림일기의 특성을 알고 친구의 마음을 이해해 봅시다.

생각틔우기 • 56

그림일기의 특성 알기

생각키우기 • 57

그림일기의 내용 파악하기

생각피우기 • 58

그림일기 속 인물의 마음 알기

생각퍼뜨리기 • 59

다른 입장에서 그림일기 쓰기

'그림일기'란
일기의 한 형태로,
글뿐만 아니라
그림으로 표현한
일기입니다.

1 두 일기를 비교해 보고, 공통점을 모두 찾아 ○해 봅시다.

날짜 : 2016 년 8 월 5 일 금 요일 | 날씨 맑음

제목: 줄넘기

오늘은 줄넘기를 했다. 날씨가 너무 더워서 땀이 났지만 재미있었다.

날짜 : 2016 년 8 월 5 일 금 요일 | 날씨 맑음

제목: 방 청소

나는 오늘 방 청소를 했다. 빗자루로 쓸고 나니 방이 깨끗해서 기분이 상쾌해졌다. 귀찮아서 매일 미룬 게 후회되었다. 이제부터는 방 청소를 깨끗이 하고 미루지 않기로 다짐하였다.

겪은 일을 그림으로 그린다.	(　　)
날짜, 있었던 일, 느낌 등을 쓴다.	(　　)
그림을 통해 상황을 쉽게 전달할 수 있다.	(　　)
나의 생각과 경험을 자유롭게 나타낼 수 있다.	(　　)
오늘 있었던 일에 대하여 기록해 놓을 수 있다.	(　　)

1 다음 낱말에 알맞은 뜻을 찾아 선으로 이어 봅시다.

낱말			뜻
존중	●	●	높이어 귀중하게 대함.
배려	●	●	날마다 규칙적으로 하는 일정한 일.
일과	●	●	도와주거나 보살펴 주려고 마음을 씀.

내용 파악하기

1 다음 그림일기 속에 등장하는 인물들의 속마음을 생각하며 글을 읽어 봅시다.

20○○년 ○월 ○일 ○요일, 맑음

개학 날

오늘은 개학 날이다. 나는 학교 가는 날이 참 좋다. 학교에 가 보니까 친구들이 건강한 모습으로 와 있었다.

나는 친구들을 만나자마자

"민정아, 은애야, 안녕?"

하고 인사를 했다.

"그래, 현아야 안녕? 방학 동안 잘 지냈니?"

나는 민정이하고 은애를 보니 참 반가웠다. 친구들의 모습이 조금씩 달라진 것 같았다. 지선이도 달라진 점이 있었다. 그건 지선이의 목소리가 커진 점이다.

그런데 희영이는 안 반가운지 친구들에게 화를 벌컥 내었다. 나는 희영이가 아침에 화가 난 일이 있었나? 아니면 우리가 안 반가운가? 하고 생각했다. 참 이상한 일이다.

생각 피우기

1 개학 날 나(현아)와 희영이의 기분이 어떠했는지 써 봅시다.

나(현아)

희영

1 57쪽의 그림일기를 보고 희영이에게 일어났을 수 있는 일과 그때의 생각으로 알맞은 것을 모두 찾아 색칠해 봅시다.

방학 숙제를 하나도 못해 걱정이 많아요.

아버지께서 사 주신 새 동화책이 매우 재미있었어요.

어머니께서 내가 좋아하는 피자를 만들어 주셔서 맛있게 먹었어요.

가족과 함께 물놀이를 가서 재미있게 놀았어요.

아버지께서 아끼시는 화분을 실수로 깨뜨려서 꾸중을 들었어요.

동생이 내 인형을 망가뜨려서 너무 속상했어요.

1 57쪽의 그림일기를 보고, 희영이가 되어 개학 날 있었던 일을 그림일기로 완성해 봅시다.

그림일기를 쓸 때에는 가장 인상적인 장면을 그림으로 그립니다.

B-3 친구와 사이좋게 지내려면 어떻게 해야 할까요

공부한 날 ______ 년 ______ 월 ______ 일

공부할 문제 친구와 사이좋게 지내기 위해 할 수 있는 일들을 생각해 봅시다.

생각티우기 • 61
친구의 잘못된 행동 파악하기

생각키우기 • 62
친구와 사이좋게 지내기 위한 방법 알기

생각피우기 • 65
친구 사이에 속상했던 경험 떠올리기

생각퍼뜨리기 • 68
친구에게 마음이 담긴 편지 쓰기

1 친구들이 미끄럼틀을 타기 위해 순서를 기다리고 있는데, 한 친구가 끼어들려고 합니다. 바르게 생각한 친구를 찾아 말주머니에 색칠해 봅시다.

힘이 세 보이는
친구니까 끼어들어도 괜찮아.

우리는 순서를 기다리고 있는데,
끼어드는 건 다른 친구들을
속상하게 하는 거야.

빨리 타고 싶다고 순서도
지키지 않고 끼어드는 것은
나쁜 행동이야.

미끄럼틀을 무척 좋아하나 보네.
그럼 끼어들 수도 있지, 뭐.

미끄럼틀을 탈 때
반드시 순서를
지킬 필요는 없구나.

순서를 지키지 않는
친구랑은 앞으로 사이좋게
지내지 않아야겠어.

1 순서를 기다리는 친구의 입장에서 순서를 지키지 않고 끼어드는 친구에게 하고 싶은 말을 써 봅시다.

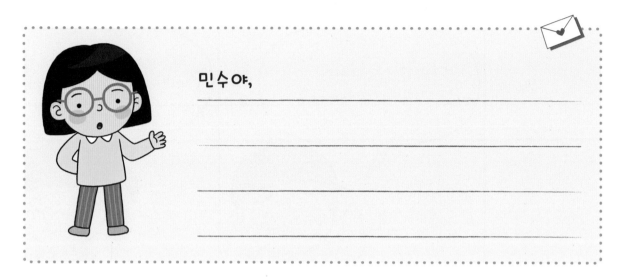

2 순서를 기다리지 않고 끼어들었던 친구가 자신의 잘못을 깨닫고 있습니다. 생각 주머니 속에 들어갈 내용으로 알맞은 것을 모두 찾아 ○해 봅시다.

뭐 어때? 나만 재미있게 여러 번 타면 되지. ( )

기다리고 있던 다른 친구들이 속상했겠구나. ( )

나도 다른 친구들처럼 순서를 기다렸다가 타야겠다. ( )

순서를 기다리는 것은 시간이 너무 오래 걸려서 싫어. ( )

1 쉬는 시간에 볼 수 있는 친구들의 모습입니다. 바르게 행동하는 친구에게는 ◯하고, 그렇지 못한 친구에게는 △해 봅시다.

2 그림 속 상황에서 친구들과 사이좋게 지내기 위해서는 어떻게 해야 할지 알맞은 것을 찾아 선으로 이어 봅시다.

- 준비물을 함께 사용합니다.
- 내 것이므로 모른 척하며 나만 씁니다.

- 모른 척하고 그냥 지나갑니다.
- 친구에게 발을 밟아 미안하다고 사과합니다.

- 큰 목소리로 친구에게 인사합니다.
- 방해가 되지 않도록 조용히 책을 읽습니다.

- 별명 대신 이름을 불러 달라고 말합니다.
- 나도 똑같이 친구의 별명을 부르며 놀립니다.

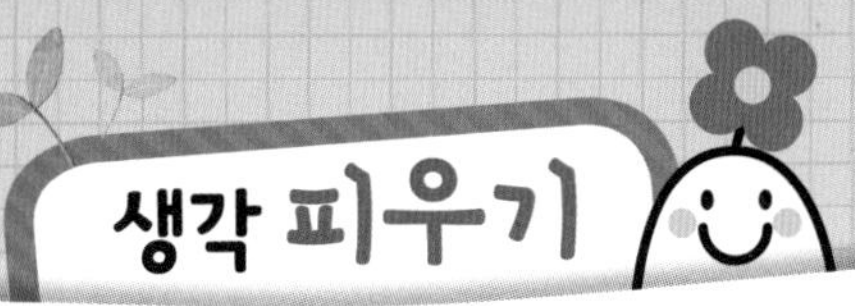

1 친구 때문에 속상했던 적을 떠올려 봅시다. 그리고 그때의 경험을 자세히 써 봅시다.

1 언제 있었던 일인지 써 봅시다.

2 어디에서 있었던 일인지 써 봅시다.

3 무슨 일이 있었는지 써 봅시다.

4 그때 어떤 생각과 기분이 들었는지 써 봅시다.

2 나 때문에 친구가 속상해 했던 적을 떠올려 봅시다. 그리고 그때의 경험을 자세히 써 봅시다.

1 언제 있었던 일인지 써 봅시다.

2 어디에서 있었던 일인지 써 봅시다.

3 무슨 일이 있었는지 써 봅시다.

4 그때 친구는 어떤 생각과 기분이 들었을지 써 봅시다.

3 친구들과 사이좋게 지내기 위해 내가 할 수 있는 일들을 생각해 보고, 자유롭게 생각 그물을 완성해 봅시다.

생각 그물은 떠오르는 생각들을 자유롭게 적어 보는 활동입니다.

친구와 사이좋게 지내는 방법

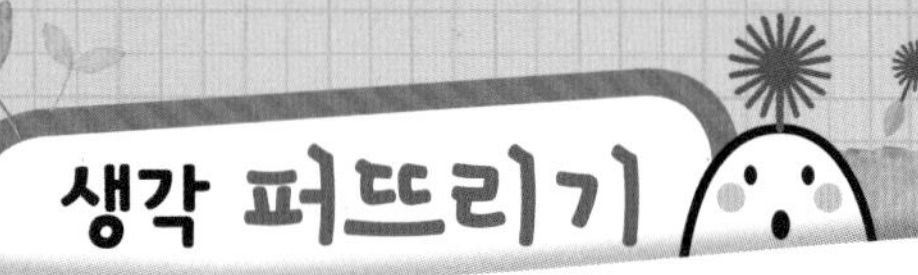

1 66쪽에서 쓴 경험을 바탕으로 하여, 친구에게 어떻게 할 것인지 다짐이 드러나게 그림일기를 써 봅시다.

날짜:

제목:

1 68쪽에 쓴 그림일기 속 친구에게 자신의 마음이 담긴 편지를 써 봅시다.

받는 사람: ______________

하고 싶은 말

____

____

____

____

____

____

____

____

____

____

쓴 날짜: ______________

보낸 사람: ______________

C

서로 돕는 우리

협동은 서로의 마음과 힘을 하나로 합하는 것입니다. 세상은 혼자서 살아가기에 많은 어려움이 있습니다. 우리는 협동을 하면서 그러한 어려움들을 해결할 수 있습니다. 사람들이 살면서 서로 협동을 한다면 세상은 더욱 살기 좋은 곳으로 변할 것입니다.

C-1. 우리가 구해 줄게!

■ **생각틔우기**
협동과 관련된 내용 떠올리기

■ **생각키우기**
일어날 사건을 예측하며 내용 파악하기

■ **생각피우기**
읽은 내용을 정리하며 느낌과 생각 나타내기

■ **생각퍼뜨리기**
협동하며 살아가는 이야기를 담아 층층이 책 만들기

C-2. 공사 양해 안내문

■ **생각틔우기**
안내문의 특성 알기

■ **생각키우기**
안내문의 내용 파악하기

■ **생각피우기**
안내문의 좋은 점 알기

■ **생각퍼뜨리기**
상황에 알맞은 안내문 쓰기

C-3. 이웃 간에 소음 문제가 생겼을 때 어떻게 해야 할까요

■ **생각틔우기**
이웃에게 피해를 주는 행동 알기

■ **생각키우기**
이웃 간에 발생한 문제의 해결 방법 알기

■ **생각피우기**
이웃 간의 소음 문제를 해결하기 위한 실천 방법 생각하기

■ **생각퍼뜨리기**
이웃 간의 소음 문제를 해결하기 위한 다짐 카드 만들기

C-1 우리가 구해 줄게!

공부한 날 ______ 년 ______ 월 ______ 일

공부할 문제

「우리가 구해 줄게!」를 읽고 서로 돕고 협동하는 모습에 대하여 생각해 봅시다.

생각틔우기 • 73

협동과 관련된 내용 떠올리기

생각키우기 • 75

일어날 사건을 예측하며 내용 파악하기

생각피우기 • 82

읽은 내용을 정리하며 느낌과 생각 나타내기

생각퍼뜨리기 • 84

협동하며 살아가는 이야기를 담아 층층이 책 만들기

1 다음 그림의 상황과 어울리는 속담을 보기 에서 찾아 써 봅시다.

보기

- 백지장도 맞들면 낫다.
- 바늘 도둑이 소도둑 된다.
- 발 없는 말이 천 리 간다.
- 하늘이 무너져도 솟아날 구멍이 있다.

2 다음 두 그림을 비교해 보고 서로 다른 점이 무엇인지 써 봅시다.

㉠

㉡

1 다음 뜻에 알맞은 낱말을 찾아 선으로 이어 봅시다.

뜻		낱말
큰 물건이 계속 구르는 모양.	● ●	데굴데굴
눈빛이나 정신이 맑고 생기가 있는 모양.	● ●	말똥말똥
작은 것이 자꾸 세차고 가볍게 뛰어오르는 모양.	● ●	폴짝폴짝

2 그림을 보고 주어진 낱말을 사용하여 어울리는 문장을 만들어 봅시다.

폴짝폴짝

훨훨

이런 말 이런 뜻

훨훨: 날짐승 따위가 높이 떠서 느릿느릿 날개를 치며 매우 시원스럽게 나는 모양.

예측하기

1 다음 그림을 보고, 알맞은 것에 ◯해 봅시다.

펠리컨은 사다새라고도 합니다. 몸빛은 흰색, 날개 끝은 검은 갈색, 볼주머니는 황색입니다. 부리는 길고 끝이 구부러졌고, 아래 주둥이의 수축할 수 있는 볼주머니에 먹이를 넣어 두면 새끼가 입으로 꺼내 먹습니다.

나는 (개구리, 펠리컨)입니다.

나는 (개구리, 펠리컨)입니다.

2 문제 1의 동물들이 등장하는 이야기의 내용을 상상해 보고, 두 동물이 서로 도와준다면 어떤 일을 도와줄지 써 봅시다.

우리가 구해 줄게!

이주영

글을 읽기 전에 그림을 보며 이야기의 상황에 대하여 예측해 봅시다.

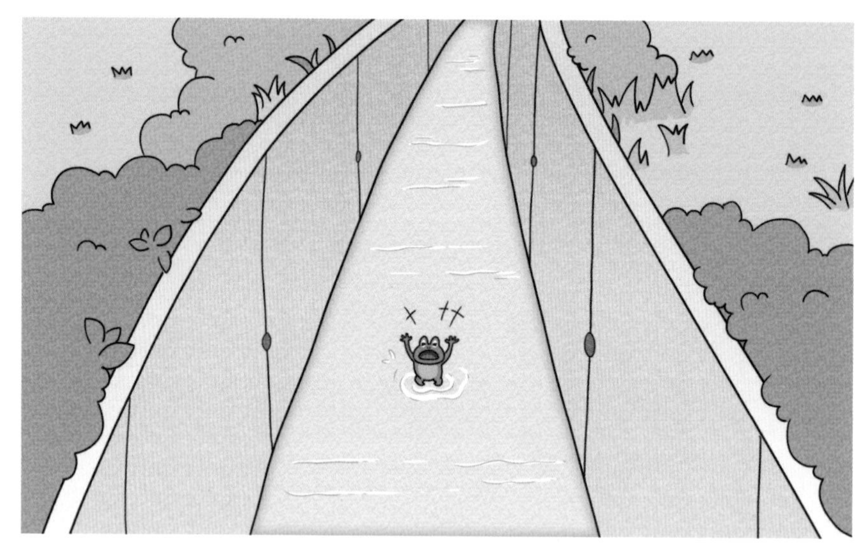

이런 말 이런 뜻

퐁짝퐁짝: 작은 것이 자꾸 세차고 가볍게 뛰어오르는 모양.
경적: 조심하도록 요란한 소리를 내는 장치.
데굴데굴: 큰 물건이 계속 구르는 모양.

개구리가 풀숲 사이를 퐁짝퐁짝 뛰어가고 있어요.
"토끼 생일잔치에 늦겠다. 어서 서둘러야지."
그런데 갑자기 어디선가 자동차 경적 소리가 울렸어요.
"빵빵!"
"아이, 깜짝이야."
개구리는 자동차 경적 소리에 깜짝 놀라 잠시 한눈을 팔았어요. 그러다 어느 깊숙한 곳으로 데굴데굴 굴러떨어졌지요. 그곳은 높은 벽이 양옆을 가로막고 있고, 앞으로 끝없는 물길이 펼쳐져 있었어요.
"살려 줘요! 거기 아무도 없어요?"

1 이야기의 내용으로 맞으면 ◯하고, 틀리면 ╳해 봅시다.

개구리는 토끼의 생일잔치에 가고 있었다.	(　　　)
개구리는 자동차 경적 소리에 맞추어 노래를 불렀다.	(　　　)

2 개구리는 어떤 곳으로 굴러떨어졌는지 써 봅시다.

이런 말 이런 뜻

농수로: 논밭에 댈 물을 끌어들이는 길.

"개구리가 왜 아직도 안 올까? 우리가 찾으러 가자."

한 시간이 지나도록 개구리가 오지 않자 토끼가 걱정스러운 목소리로 말했어요.

토끼는 고라니와 함께 개구리네 집 쪽으로 달려갔어요.

그런데 어디선가 개구리의 목소리가 들렸어요.

"살려 줘. 나를 좀 꺼내 줘."

토끼와 고라니는 소리가 나는 쪽으로 달려가다 멈칫했어요. 그곳은 바로 농수로였어요.

"개구리야!"

토끼와 고라니가 농수로 위에서 개구리를 내려다보며 외쳤어요.

"걱정하지 마. 우리가 꺼내 줄게."

토끼는 양쪽 앞다리로 고라니의 오른쪽 뒷다리를 꽉 잡았어요.

"고라니야. 나를 저 아래로 내려보내 줘."

"개구리야, 나를 잡고 올라와 봐."

토끼가 외쳤어요. 하지만 사람의 키보다 깊은 그곳까지 몸이 닿지 않았지요.

"개구리야, 기다려. 우리가 친구들을 불러올게."

3 농수로에 빠진 개구리를 본 토끼는 어떻게 하였는지 써 봅시다.

이런 말 이런 뜻

골짜기: 산과 산 사이에 움푹 패어 들어간 곳.

글썽이다: 눈에 눈물이 넘칠 듯이 그득하게 고이다.

숲속 친구들이 모여서 회의를 했어요.

"작년에도 내 친구 고라니가 죽음의 골짜기, 그러니까 농수로에 빠져서 죽었지. 한 번 빠지면 살아서는 나올 방법이 없으니까……. 이렇게 또 친구를 잃을 수는 없어."

고라니가 눈물을 글썽이며 이야기했어요.

"그렇지만 어쩌지? 우리가 서로 몸을 붙잡아서 끈처럼 길게 이어도 무게 때문에 견디기 어렵고."

토끼가 말했어요.

어느덧 깜깜한 밤이 되었지요.

"개구리가 혼자서 얼마나 무서울까? 우리가 개구리가 잠들 때까지 주위를 환하게 밝혀 줄게."

반딧불이들은 밤새 개구리를 위해 불을 밝혀 주었어요.

4 누가 개구리 주위를 환하게 밝혀 줬는지 알맞은 그림에 ○해 봅시다.

메뚜기

벌

반딧불이

이런 말 이런 뜻

촘촘하다: 틈이나 간격이 매우 좁거나 작다.

말똥말똥하다: 눈빛이나 정신이 맑고 생기가 있다.

"내가 거미줄을 짜 줄게. 개구리는 다른 동물들보다 몸집이 작으니까 거미줄을 아주 촘촘하고 길게 짜면 들어올릴 수 있을 거야."

다음날 개구리의 소식을 들은 거미가 찾아왔어요.

토끼와 고라니는 거미가 만들어 준 거미줄을 가지고 개구리가 빠져 있는 곳으로 달려갔어요.

"개구리야, 받아."

친구들이 개구리에게 거미줄을 던졌어요. 하지만 거미줄은 바닥에 닿기도 전에 벽에 철썩 들러붙어 버렸어요.

"안 되겠다. 다른 방법을 생각해 볼게. 개구리야, 괜찮니? 아픈 데는 없니?"

"아직까지는 말똥말똥해. 걱정하지 마!"

내용 파악하기

5 친구들은 개구리를 무엇으로 들어올리려고 했는지 써 봅시다.

---

6 이야기의 내용으로 알맞은 것에 ◯해 봅시다.

친구들은 개구리를 도울 다른 방법을 찾기로 했다.	( )
개구리는 친구들에게 무섭고 힘이 들다고 이야기했다.	( )

이런 말 이런 뜻

구출: 위험한 상황에서 구해 냄.
환호성: 기뻐서 크게 부르짖는 소리.

"맞다! 펠리컨! 펠리컨에게 도와달라고 하자."
고라니가 이야기하자 숲속 친구들이 환하게 웃으며 박수를 쳤어요.
"정말 좋은 생각이다!"
"개구리는 자그마하니까 펠리컨이 입 속에 넣어서 구출할 수 있어."
펠리컨이 개구리가 굴러 떨어진 죽음의 골짜기로 날아갔어요. 그리고 개구리에게 말했지요.
"개구리야. 내 입 속으로 들어와, 어서."
펠리컨은 입 속에 개구리를 넣고 하늘을 훨훨 날았어요.
숲속 친구들은 환호성을 질렀어요.

7 **숲속 친구들이 환호성을 지른 까닭은 무엇인지 써 봅시다.**

8 **자신이 숲속 친구였다면 개구리를 어떻게 구하였을지 생각하여 써 봅시다.**

이런 말 이런 뜻

목청껏: 힘을 다하여 소리를 질러.

개구리를 구출한 날 밤, 숲속 친구들이 토끼의 집에 모두 모였어요.
반딧불이가 반짝반짝 불을 밝혀 주었지요.
"토끼야, 늦었지만 생일 축하해."
개구리가 토끼에게 말했어요.
"개구리야, 이렇게 무사히 빠져나와서 정말 다행이야."
토끼가 개구리를 꼭 껴안아 주었어요.
"우리 늦었지만 생일잔치를 하자."
고라니가 말했어요.
"생일에 음악이 빠지면 안 되지."
펠리컨이 거들었지요.
"내가 노래를 불러 줄게. 개굴개굴개굴개굴."
개구리는 친구들을 위해 목청껏 노래를 불렀답니다.

9 토끼가 개구리를 꼭 껴안아 준 까닭은 무엇인지 써 봅시다.

10 개구리는 친구들을 위해 무엇을 하였는지 써 봅시다.

생각 피우기

1 「우리가 구해 줄게!」의 내용을 떠올려 보고, 전체 이야기를 네 컷 만화로 그려 봅시다.

만화를 그릴 때에는 사건이 일어난 순서를 생각하고 이야기의 줄거리를 파악해야 합니다.

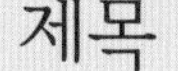

1 2

3 4

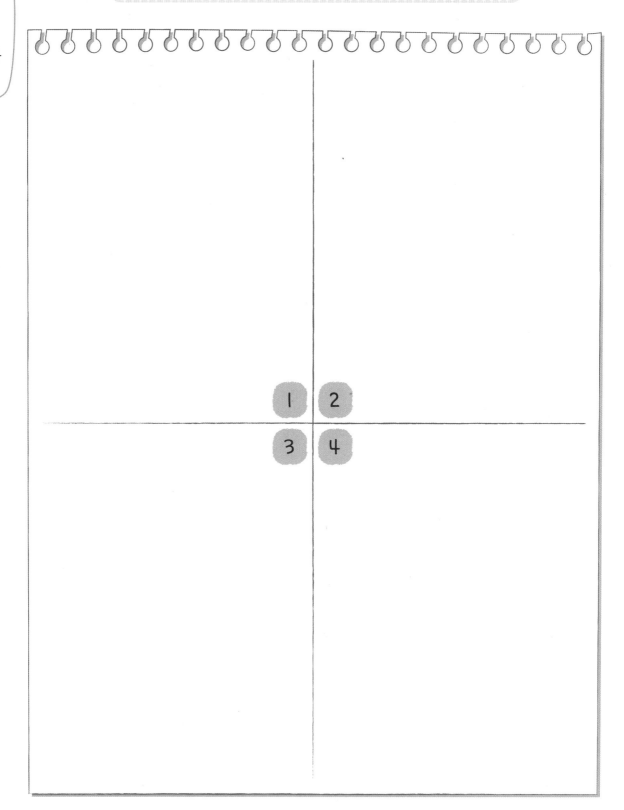

1 「우리가 구해 줄게!」 이야기에서 개구리와 친구들의 마음으로 알맞은 것을 모두 찾아 색칠해 봅시다.

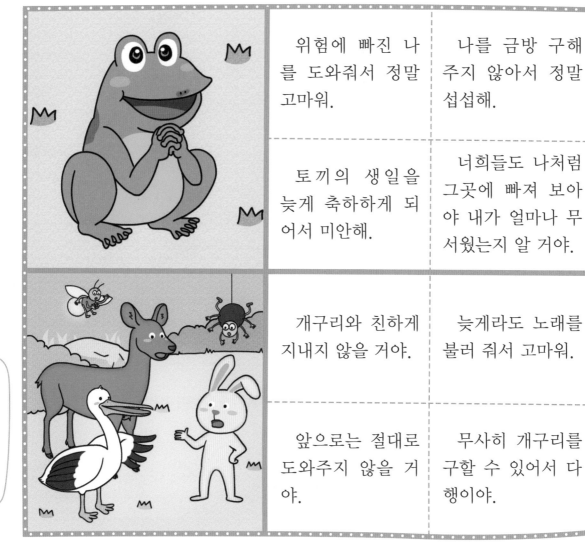

(개구리 그림)	위험에 빠진 나를 도와줘서 정말 고마워.	나를 금방 구해 주지 않아서 정말 섭섭해.
	토끼의 생일을 늦게 축하하게 되어서 미안해.	너희들도 나처럼 그곳에 빠져 보아야 내가 얼마나 무서웠는지 알 거야.
(친구들 그림)	개구리와 친하게 지내지 않을 거야.	늦게라도 노래를 불러 줘서 고마워.
	앞으로는 절대로 도와주지 않을 거야.	무사히 개구리를 구할 수 있어서 다행이야.

이야기 속 인물의 마음을 알기 위해서는 이야기의 상황에서 그 인물의 입장이 되어 보면 쉽게 알 수 있습니다.

2 개구리가 되어, 친구들에게 고마움의 쪽지 편지를 써 봅시다.

생각 퍼뜨리기

1 개구리와 친구들이 서로 도와줄 수 있는 일들이 무엇이 있을지 자유롭게 생각하여 써 봅시다.

1 「우리가 구해 줄게!」의 뒤에 이어질 내용을 상상하여 이야기의 한 장면을 그리고, 이야기의 내용을 꾸며 써 봅시다.

1 개구리와 친구들이 서로 협동하며 살아가는 이야기를 생각해 보고, 층층이 책으로 만들어 봅시다.

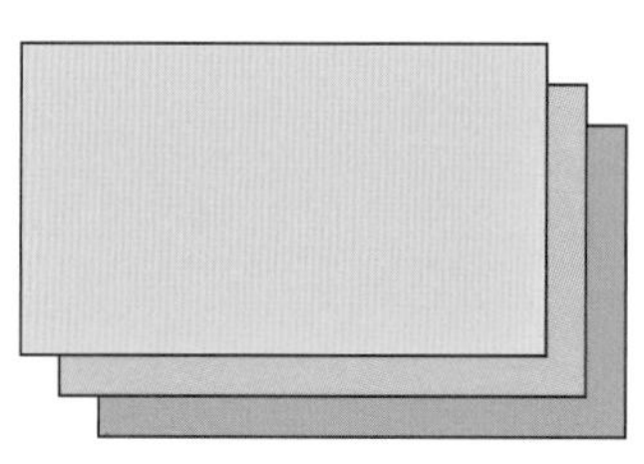	❶ A4 크기의 색상지 세 장을 일정한 간격으로 옆으로 나오게 늘어놓아요.
	❷ 세 가지 색깔이 보이도록 간격을 일정하게 겹쳐요.
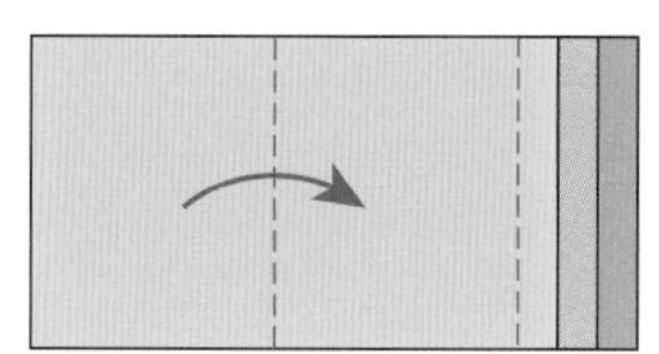	❸ 맨 위의 색상지 한 장을 오른쪽의 층층이 간격과 똑같이 접으세요.
	❹ 우아, 층층이가 하나 더 생겼어요. 나머지 두 장의 색상지도 같은 방법으로 접으세요.
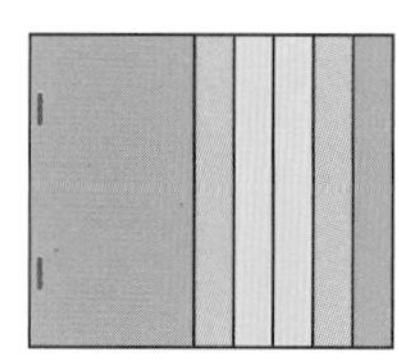	❺ 접힌 부분, 즉 왼쪽을 스테이플러로 고정시켜 주세요. 왼쪽에 예쁜 테이프를 붙이면 깔끔하게 마무리돼요.
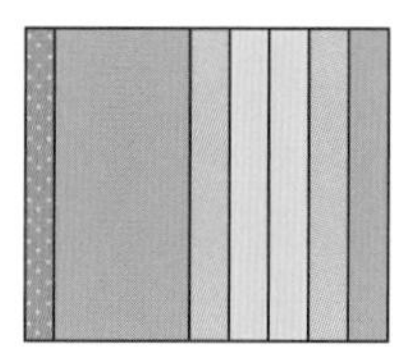	❻ 완성된 책 모습이에요. 완성된 책에 이야기를 써서 나만의 층층이 책을 만들어 보세요.

층층이 책은 표지를 빼면 모두 10쪽이에요. 10쪽을 채울 수 있는 이야기를 생각하여 글과 그림으로 책 속을 꾸며 봅시다.

C-2 공사 양해 안내문

공부한 날 ________ 년 ________ 월 ________ 일

공부할 문제 안내문의 특성을 알고 상황에 알맞은 안내문을 써 봅시다.

생각티우기 • 87
안내문의 특성 알기

생각키우기 • 89
안내문의 내용 파악하기

생각피우기 • 90
안내문의 좋은 점 알기

생각퍼뜨리기 • 91
상황에 알맞은 안내문 쓰기

생각 틔우기

안내문은 각종 정보를 전달하고 안내하기 위해 작성한 글입니다.

1 다음 안내문을 잘 보고 물음에 답해 봅시다.

화장실 청결 이용문

우리 집 화장실이라고 생각하면 쉽습니다.

1. 금연하기
2. 사용한 화장지는 휴지통에 넣기
   (변기가 막힐 우려가 있습니다.)
3. 신문, 잡지 등 소지품 잘 챙기기
4. 화장실 이용 시 불편 사항은 구내 전화 ☎○○○○로 연락해 주십시오.

여러분의 작은 배려, 깨끗한 화장실의 시작입니다.

1 무엇에 대하여 안내하고 있는지 써 봅시다.

2 사용한 화장지는 어떻게 해야 하는지 써 봅시다.

3 화장실을 이용할 때 불편한 점이 생기면 어떻게 해야 하는지 써 봅시다.

2 다음 장소에서 안내문을 본 경험을 떠올려 보고, 어떤 내용이었는지 써 봅시다.

놀이터	놀이 기구 이용 안내문,
아파트	
학교	

3 주변에서 보았던 안내문을 떠올려 보고, 다음과 같이 간단한 안내문을 써 봅시다.

장소 식당

이곳은
5인 이상의
단체를
위한 자리입니다.
단체 손님이
오시면 양보
부탁드릴게요.

장소 ____________

1 다음 낱말의 뜻으로 알맞은 것을 찾아 선으로 이어 봅시다.

낱말	뜻
변경	미리 정하거나 예상함.
양해	다르게 바꾸어 새롭게 고침.
예정	남의 사정을 잘 헤아려 너그러이 받아들임.

공사 양해 안내문

주민 여러분 안녕하세요.
직접 찾아 뵙지 못하고 이렇게 안내문으로 말씀드리게 되어 죄송합니다.

다름이 아니라 1월 10일부터 1월 20일까지 607호에서 구조 변경 공사가 진행될 예정입니다.
공사로 인한 소음과 먼지 등으로 주민 여러분께 불편을 드리게 되어 사과의 말씀을 전합니다.
주민 여러분의 많은 양해 부탁드립니다. 감사합니다.

불편 사항이 있으면 연락 주십시오.
연락처 : 010-○○○○-○○○○

이런 말 이런 뜻

양해: 남의 사정을 잘 헤아려 너그러이 받아들임.
변경: 다르게 바꾸어 새롭게 고침.
예정: 미리 정하거나 예상함.
소음: 불규칙하게 뒤섞여 불쾌하게 시끄러운 소리.
불편: 어떤 것을 사용하거나 이용하는 것이 거북하거나 괴로움.

1 무엇을 안내하고 있는지 써 봅시다.

2 공사 예정 기간이 언제인지 써 봅시다.

3 공사 때문에 생길 수 있는 불편 사항은 무엇인지 써 봅시다.

생각 피우기

1 공사 양해 안내문을 쓰면 좋은 점을 모두 찾아 색칠해 봅시다.

이웃들이 이사를 가게 된다.	공사 중 소음이 덜 발생한다.	공사하는 데 돈이 덜 들게 된다.
이웃끼리의 싸움을 줄일 수 있다.	이웃들이 공사 기간을 알 수 있다.	공사 소음에 대해 이웃 주민들이 이해할 수 있다.

2 89쪽의 공사 양해 안내문을 어느 곳에 붙이면 좋을지 알맞은 장소에 ○해 봅시다.

창의성

1 다음 사진 속 장소에는 어떤 안내문을 붙이면 좋을지 생각해 보고, 알맞은 안내문을 써 봅시다.

제목 :

주민 여러분, 안녕하세요?

불편 사항이 있으면 연락 주십시오.

연락처 : 010-○○○○-○○○○

안내문을 쓸 때는 안내하고자 하는 내용을 알기 쉽고 정확하게 써야 합니다.

C-3 이웃 간에 소음 문제가 생겼을 때 어떻게 해야 할까요

공부한 날 ________년 ________월 ________일

공부할 문제 이웃 간의 소음 문제를 해결할 수 있는 방법을 생각해 봅시다.

생각티우기 • 93
이웃에게 피해를 주는 행동 알기

생각키우기 • 94
이웃 간에 발생한 문제의 해결 방법 알기

생각피우기 • 97
이웃 간의 소음 문제를 해결하기 위한 실천 방법 생각하기

생각퍼뜨리기 • 99
이웃 간의 소음 문제를 해결하기 위한 다짐 카드 만들기

생각 틔우기

문제 알기

1 다음 중 이웃에게 피해를 주는 행동을 모두 찾아 ○해 봅시다.

2 이웃에게 피해를 주었거나 이웃으로부터 피해를 당한 경험을 떠올려 보고, 그림과 글로 표현해 봅시다.

1 다음 상황에서 어떻게 행동하면 좋을지 알맞은 것을 찾아 선으로 이어 봅시다.

할머니의 짐을 들어 드립니다.

우는 아이를 달래 주며 아이의 엄마께 연락을 드립니다.

"안녕하세요?" 하고 먼저 웃으며 반갑게 인사를 건넵니다.

맛있게 먹겠다고 인사를 전하고 다음에 음식을 대접합니다.

1 다음 만화를 보고 어떤 내용인지 알아봅시다.

이웃 사이

얼마 전 마룻바닥을 나무로 바꾸었더니 보기가 좋았습니다.

하지만 살짝 뛰기만 해도 시끄러운 소리가 났습니다.

아래층 아주머니가 올라오셨습니다.

죄송하다고 말씀드리고 아이들도 타일렀습니다.

하지만 아래층 아주머니가 화가 나서 또 올라오셨습니다.

2 **95쪽 만화의 내용을 생각하며 빈칸에 알맞은 말을 써 봅시다.**

- 마룻바닥을 ☐☐로 바꾸었더니 보기가 좋았습니다.
- 살짝 뛰어도 마룻바닥에서는 ☐☐☐☐ 소리가 났습니다.
- 아래층 ☐☐☐☐가 ☐가 나서 올라오셨습니다.

3 **이웃 간에 지켜야 할 예절을 생각해 보고, 95쪽 만화의 마지막 칸에는 어떤 내용이 이어질지 상상하여 그림과 글로 표현해 봅시다.**

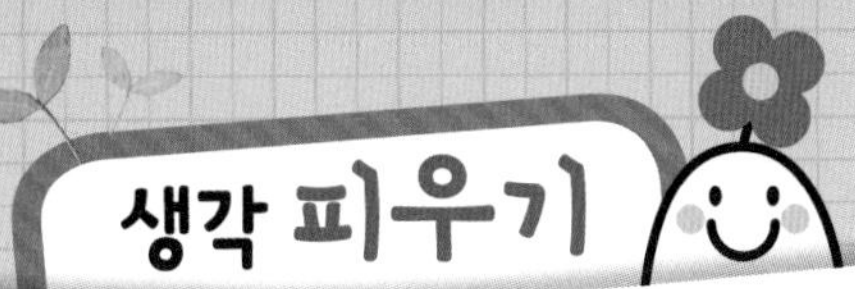

1 우리 집에서 발생하는 소음에는 어떠한 것들이 있는지 생각하며 생각 그물을 완성해 봅시다.

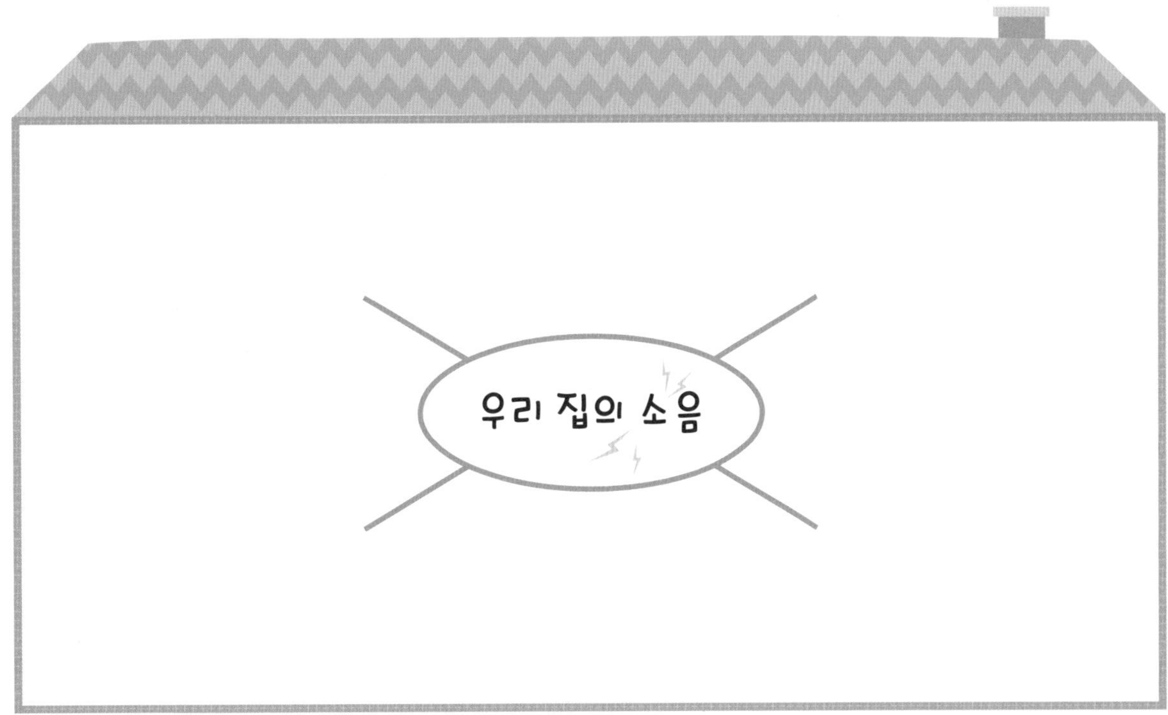

2 우리 집의 소음을 줄일 수 있는 방법을 두 가지만 써 봅시다.

- ______________________
- ______________________

이런 말 이런 뜻

소음: 시끄러운 소리.

3 이웃 간에 발생할 수 있는 소음 문제에는 어떠한 것들이 있는지 써 봅시다.

- ______________________
- ______________________
- ______________________

4 이웃 간에 소음 문제가 발생했을 때 어떻게 해야 할지 생각해 봅시다.

1 이웃 간에 소음 문제가 발생하면 서로 어떤 기분이 들지 써 봅시다.

2 이웃 간의 소음 문제를 줄이기 위해 서로 어떤 노력을 해야 할지 써 봅시다.

3 이웃 간에 서로 소음을 줄이기 위해 노력해야 하는 까닭을 써 봅시다.

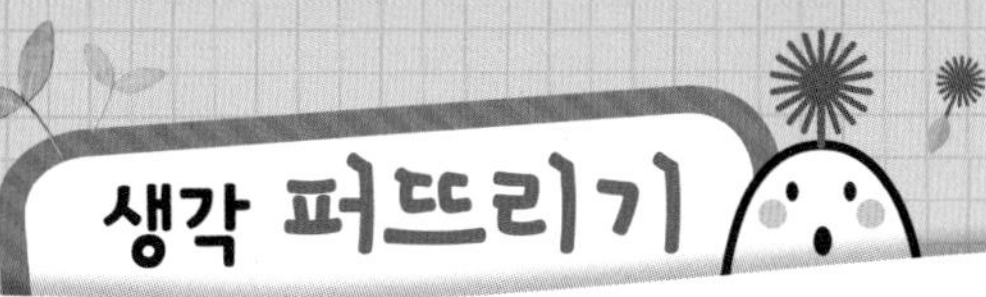

글쓰기

1 **98쪽에서 정리한 내용을 바탕으로 하여, 이웃 간의 소음 문제를 해결하기 위해 우리가 할 수 있는 일들이 드러나는 글을 써 봅시다.**

제목: ____________________

이웃 간에 발생할 수 있는 소음 문제에는 ____________________

____

____

등이 있습니다.

소음은 이웃에게 피해를 줄 뿐 아니라 이웃 간에 ____________________

____

____

소음 문제를 해결하기 위해서 우리는 ____________________

____

____

____

____

이렇게 하면 이웃 간에 ____________________

____

소음 문제 없이 사이좋게 지내는 이웃이 되도록 함께 노력하면 좋겠습니다.

1 이웃 간의 소음 문제를 해결하기 위해 자신이 할 수 있는 일들을 써서 다짐 카드를 만들어 봅시다.

나 ____________________ 은(는)

이웃과 소음 문제가 발생하지 않도록 ____________________

____

____

____

____

노력할 것을 다짐합니다.

다짐이 드러난 그림

1 이웃 간에 지켜야 할 예절을 생각해 보고, 이웃과 사이좋게 지내기 위해 자신이 할 수 있는 노력을 그림과 글로 표현해 봅시다.

D

자랑스러운 우리나라

애국심은 자기가 속한 나라와 민족을 사랑하고, 그것의 발전을 위해 많은 노력을 하고자 하는 마음가짐을 말합니다. 애국심은 나라를 함께 살아가는 사람들의 삶에 있어서 매우 중요합니다.

D-1. 단군 이야기

■ **생각틔우기**
우리나라와 관련된 것들을 자유롭게 떠올리기

■ **생각키우기**
일어날 사건을 예측하며 내용 파악하기

■ **생각피우기**
읽은 내용을 정리하며 느낌과 생각 나타내기

■ **생각퍼뜨리기**
나라 사랑을 위한 다짐 쓰기

D-2. 느껴 봐요 대한민국, 사랑해요 대한민국

■ **생각틔우기**
태극기를 그리고 캠페인 글의 특성 알기

■ **생각키우기**
캠페인 글의 내용 파악하기

■ **생각피우기**
태극기를 달았을 때의 기분 알기

■ **생각퍼뜨리기**
캠페인 글 쓰기

D-3. 살기 좋은 나라를 만들기 위해 어떻게 해야 할까요

■ **생각틔우기**
주변 사람들의 행동 파악하기

■ **생각키우기**
살기 좋은 나라를 만들기 위한 방법 알기

■ **생각피우기**
살기 좋은 나라를 만들기 위해 실천할 수 있는 일 생각하기

■ **생각퍼뜨리기**
나라 사랑 다짐의 글 쓰기

D-1 단군 이야기

공부한 날 ______ 년 ______ 월 ______ 일

공부할 문제 「단군 이야기」를 읽고 나라를 사랑하는 마음을 가져 봅시다.

생각틔우기 • 105
우리나라와 관련된 것들을 자유롭게 떠올리기

생각키우기 • 107
일어날 사건을 예측하며 내용 파악하기

생각피우기 • 114
읽은 내용을 정리하며 느낌과 생각 나타내기

생각퍼뜨리기 • 116
나라 사랑을 위한 다짐 쓰기

1 우리나라에 대하여 떠오르는 것들을 생각 그물로 자유롭게 완성해 봅시다.

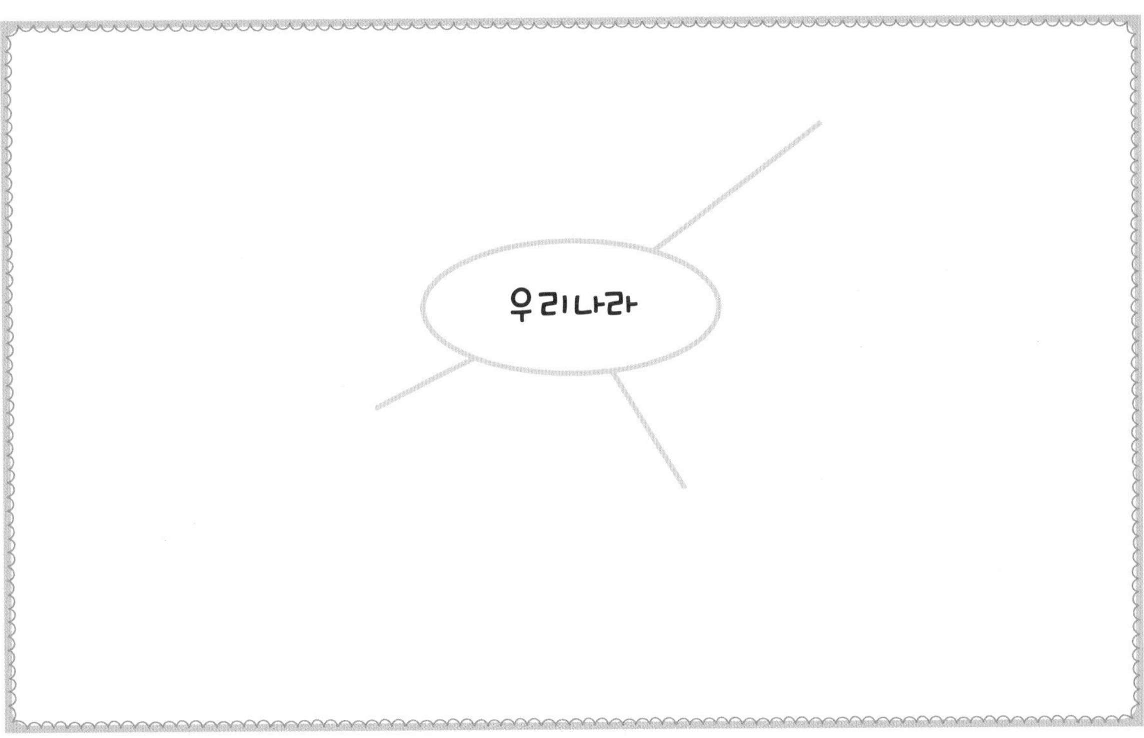

2 문제 **1**의 생각 그물에 쓴 것 중 한 가지를 골라, 그림으로 그리고 소개하는 글을 써 봅시다.

1 다음 뜻에 알맞은 낱말을 찾아 선으로 이어 봅시다.

뜻		낱말
임금님을 섬기어 벼슬을 하는 사람.	● ●	신하
식량이 되는 쌀, 보리, 콩들을 통틀어 이르는 말.	● ●	곡식
나라의 뿌리를 이루는 일반 사람들을 높여 부르는 말.	● ●	백성

2 다음 낱말을 넣어 짧은 글을 지어 봅시다.

우걱우걱

____

____

신비롭다

____

____

존경

____

____

이런 말 이런 뜻

우걱우걱: 음식 따위를 입 안에 가득 넣으면서 자꾸 거칠고 급하게 먹는 모양.

신비롭다: 사람의 힘이나 지혜가 미치지 못할 정도로 신기하고 묘한 느낌이 있다.

존경: 남의 생각, 마음, 모습 등을 받들어 공경함.

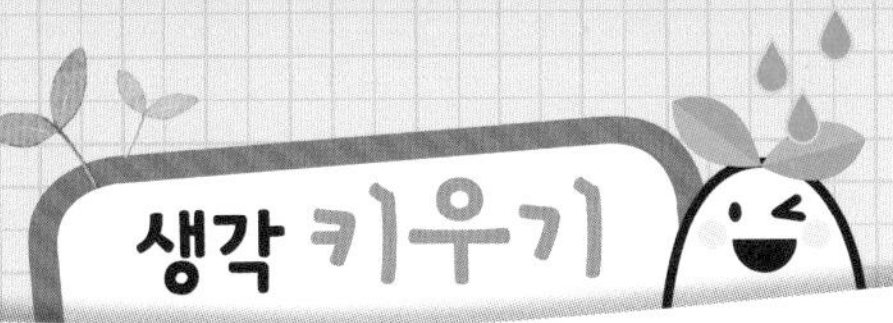

1 다음 그림을 잘 보고, 물음에 답해 봅시다.

1 어떤 등장인물들이 나오는 이야기일지 써 봅시다.

2 등장인물들이 어떤 일을 하고 있는지 써 봅시다.

3 앞으로 어떤 일이 일어날지 상상하여 써 봅시다.

단군 이야기

이주영

이런 말 이런 뜻

백성: 나라의 뿌리를 이루는 일반 사람들을 높여 부르는 말.

신하: 임금님을 섬기어 벼슬을 하는 사람.

옛날에 하늘나라를 다스리던 임금님 환인에게는 환웅이라는 아들이 있었어요. 환웅은 항상 땅에 내려가서 살고 싶어 했지요. 그래서 아버지 환인에게 말씀드렸어요.

"아바마마, 부디 땅에 내려가 그곳 백성들을 다스리며 살게 해 주십시오."

환인은 처음에 허락하지 않았지만, 환웅이 간곡하게 부탁하자 마침내 허락을 했어요.

환인은 환웅이 땅에 내려가 백성들을 잘 다스릴 수 있도록 삼천 명의 신하와 바람의 신, 구름의 신, 비의 신을 함께 내려보냈어요.

1 빈칸에 알맞은 낱말을 써 봅시다.

환인은 아들 환웅이 땅에 내려가 잘 살아갈 수 있도록 삼천 명의 신하와 [ ][ ]의 신, [ ][ ]의 신, [ ]의 신을 함께 내려보냈습니다.

이런 말 이런 뜻

곡식: 식량이 되는 쌀, 보리, 콩 등을 통틀어 이르는 말.

환웅은 태백산 근처에 나라를 세웠어요. 그리고 어떻게 하면 나라를 잘 다스릴 수 있을지 고민했어요.

'먼저 백성들이 먹을 걱정이 없도록 곡식을 잘 키워야겠다.'

환인은 신들에게 명령했어요.

"바람의 신은 바람을 일으켜라. 구름의 신은 구름을 모으고, 비의 신은 비를 내리게 하라."

덕분에 사람들이 씨앗을 뿌려 놓은 땅에는 곡식이 무럭무럭 잘 자랐답니다.

그러던 어느 날 곰과 호랑이가 환웅을 찾아왔어요.

"환웅님, 우리도 사람이 되고 싶습니다. 어떻게 해야 사람이 될 수 있을까요?"

2 세 신이 한 일은 무엇인지 알맞은 것을 찾아 ○해 봅시다.

백두산 근처에 큰 나라를 세웠습니다.	( )
곡식이 무럭무럭 자라게 해 주었습니다.	( )
사람을 괴롭히는 호랑이를 혼내 주었습니다.	( )

3 곰과 호랑이는 무엇이 되고 싶었는지 써 봅시다.

그러자 환웅이 곰과 호랑이에게 쑥과 마늘을 건네며 말했어요.

"너희들이 백 일 동안 이것만 먹으며 햇빛을 보지 않고 동굴 속에서 지내면 곧 사람이 될 것이다."

그 말을 들은 곰과 호랑이는 깜깜한 동굴 속에서 쑥과 마늘만 먹으며 지내기 시작했어요.

그런데 호랑이는 쑥과 마늘을 씹자마자 계속 뱉어 냈어요.

"퉤, 퉤."

쑥은 너무 쓰고 마늘은 너무 매웠어요. 하지만 곰은 아무 말 없이 꾹 참고 견디며 우걱우걱 씹어 삼켰지요.

> 이런 말 이런 뜻
>
> **우걱우걱:** 음식 따위를 입 안에 가득 넣으면서 자꾸 거칠고 급하게 먹는 모양.

내용 파악하기

4 환웅이 곰과 호랑이에게 준 것은 무엇인지 모두 찾아 ○해 봅시다.

무	배추	쑥	마늘

5 호랑이는 쑥과 마늘을 먹으면서 어떤 행동을 하였는지 써 봅시다.

이런 말 이런 뜻

신비롭다: 일 따위가 상식으로는 도저히 이해할 수 없을 만큼 신기하다.

결국 호랑이는 동굴 밖으로 뛰쳐나가며 외쳤어요.

"더 이상은 못 참겠다. 나는 그냥 호랑이로 살겠어!"

하지만 곰은 혼자서 굳세게 견뎌 냈지요.

하루, 이틀, 사흘이 지나고 이십일 일째 되는 날이었어요. 갑자기 동굴 안으로 신비로운 빛이 가득 들어왔어요. 그리고 그 빛이 곰을 둘러싸더니 곰이 서서히 여자로 바뀌었지요.

"내가 드디어 사람이 되었어."

곰이 기뻐서 눈물을 흘리며 말했어요.

6 이 이야기의 내용으로 맞으면 ◯하고, 틀리면 ✕해 봅시다.

곰은 참아 내지 못하고 동굴을 나가 버렸다. (　　　)

천 일이 지난 후에 곰은 사람이 될 수 있었다. (　　　)

호랑이는 이십일 일을 꾹 참고 견디다 여자가 되었다. (　　　)

7 사람이 된 곰의 기분은 어떠하였는지 써 봅시다.

이런 말 이런 뜻

신단수: 환웅이 처음 하늘에서 그 밑으로 내려왔다는 신성한 나무.

사람이 된 곰은 웅녀라는 이름을 갖게 되었어요. 웅녀는 아기를 갖고 싶었어요. 하지만 결혼할 사람이 없었지요. 웅녀는 매일 신단수 아래에 가서 아기를 갖고 싶다고 기도했어요. 그러자 환웅이 웅녀 앞에 나타났지요.

웅녀가 조심스럽게 말했어요.

"환웅님, 저도 다른 여인들처럼 아기를 갖고 싶습니다."

그러자 환웅이 대답했어요.

"내가 너를 아내로 맞이하겠다."

환웅과 웅녀는 결혼식을 올리고 부부가 되었어요. 백성들이 모두 모여 축복해 주었답니다.

8 빈칸에 알맞은 낱말을 써 봅시다.

- 웅녀는 아기를 갖고 싶어서 [ ][ ][ ] 아래에 가서 기도했어요.
- [ ][ ]은 웅녀를 아내로 맞이하기로 했어요.
- 환웅과 웅녀는 백성들의 축복을 받으며 [ ][ ][ ]을 올렸어요.

이런 말 이런 뜻

존경: 남의 생각, 마음, 모습 등을 받들어 공경함.

그로부터 열 달 뒤에 웅녀는 사내아이를 낳았어요. 환웅은 이 아이의 이름을 단군이라고 지었어요. 단군은 사람들의 존경을 받는 어른으로 자라났어요.

단군은 아사달에 조선이라는 나라를 세우고 왕이 되었어요. 그리고 무려 천오백 년 동안 나라를 잘 다스렸지요. 덕분에 점점 많은 백성이 조선에 모여들었어요. 그 조선이 바로 최초의 우리나라랍니다.

내용 파악하기

9 단군이 한 일은 무엇인지 ○해 봅시다.

서울에 고려라는 나라를 세웠습니다.	( )
천오백 년 동안 나라를 잘 다스렸습니다.	( )
많은 백성이 나라를 떠나게 만들었습니다.	( )

10 빈칸에 알맞은 낱말을 써 봅시다.

■ 단군은 아사달에 최초의 우리나라인 [ ][ ]을 세웠습니다.

1 「단군 이야기」에서 일이 일어난 순서대로 빈칸에 알맞은 번호를 써 봅시다.

1 **다음 그림을 보고 환웅과 단군이 공통으로 가지고 있는 생각이 무엇인지 보기에서 골라 써 봅시다.**

보기

잘난 척하는 마음, 자랑하고 싶은 마음, 나라를 사랑하는 마음

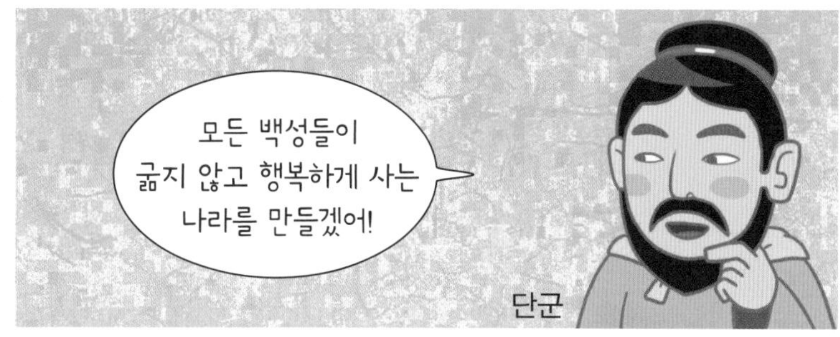

■ 환웅과 단군의 공통 생각

2 **다음 모습을 보면 환웅과 단군이 어떤 생각을 할지 써 봅시다.**

10월 3일은 우리나라의 건국을 기념하기 위하여 제정한 국경일인 개천절입니다.

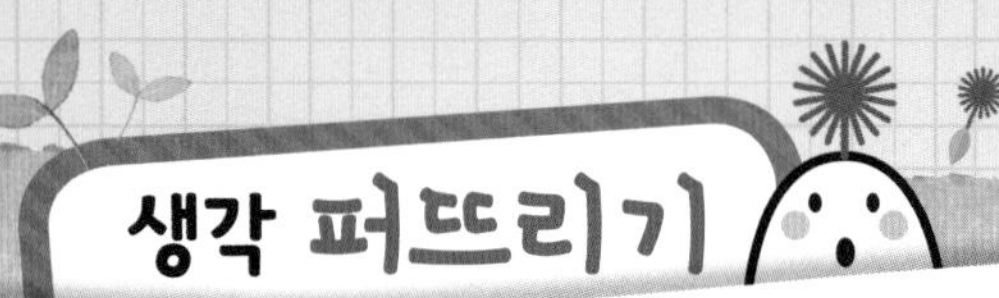

1 우리나라가 자랑스럽게 느껴졌던 일을 떠올려 보고, 그때의 경험을 써 봅시다.

우리나라가 자랑스럽게 느껴졌던 일	
그때의 느낌이나 생각	

2 사람들이 살기 좋은 나라를 모두 찾아 색칠해 봅시다.

1 자신이 실천할 수 있는 나라 사랑의 방법에 대하여 생각해 봅시다. 그리고 나라를 사랑하기 위한 나의 다짐을 써서 방문 손잡이에 걸어 봅시다.

D-2 느껴 봐요 대한민국, 사랑해요 대한민국

공부한 날 ________년 ________월 ________일

공부할 문제 캠페인 글의 특성을 알고 나라 사랑하는 마음을 다져 봅시다.

생각띄우기 • 119

태극기를 그리고 캠페인 글의 특성 알기

생각키우기 • 121

캠페인 글의 내용 파악하기

생각피우기 • 122

태극기를 달았을 때의 기분 알기

생각퍼뜨리기 • 123

캠페인 글 쓰기

생각 티우기

배경 지식

1 태극기의 모양과 색깔을 떠올려 보고, 알맞게 색칠해 봅시다. 그리고 태극기를 보고 느낀 점을 써 봅시다.

2 다음 포스터를 보고 어떤 일을 하자는 내용인지 써 봅시다.

에너지관리공단 제공

1 다음 낱말의 뜻을 찾아 선으로 이어 봅시다.

낱말	뜻
사랑	어떤 일에 끼어들어 관계함.
참여	함부로 가까이 할 수 없을 만큼 고결하고 거룩함.
신성	어떤 사람이나 존재를 몹시 아끼고 귀중히 여기는 마음.

이런 말 이런 뜻

거룩하다: 뜻이 매우 높고 위대하다.
존재: 현실에 실제로 있음. 또는 그런 대상.

2 다음 낱말 중 하나를 골라 뜻을 생각하며 떠오르는 그림을 그려 봅시다.

사랑, 참여, 신성

낱말 ____________________

대한민국 사랑! 한글 사랑!

10월 9일은

한글이 만들어진 것을 기념하는 날입니다.

세계가 인정한 과학적인 문자.
배우기 쉽고 쓰기 편한 우리의 문자 한글!
세종 대왕과 뛰어난 학자들이 만들어 낸 한글!
한글의 고마움을 태극기로 표현하세요.

우리의 태극기를 집에 달아 주세요.
한글을 더욱 빛낼 수 있습니다.

한글날 태극기 달기에 함께 참여해 주세요.
대한민국 사랑, 한글 사랑을 보여 주세요.

1 10월 9일은 무슨 날인지 써 봅시다.

2 이 글은 무엇을 하자는 내용인지 써 봅시다.

3 태극기는 언제 다는 것인지 생각하여 써 봅시다.

1 121쪽의 글을 떠올리며 태극기가 달린 우리 집의 모습을 그려 봅시다.

2 태극기를 달아야 하는 날이 언제인지 빈칸에 써 봅시다.

태극기는 매일 24시간 달 수 있지만 일반적으로 국경일에 답니다.

3월 1일(삼일절)

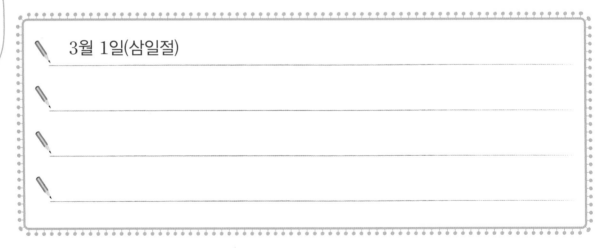

3 태극기를 달면 어떤 기분이 드는지 써 봅시다.

창의성

캠페인 글은 어떤 목적을 달성하기 위해 꾸준히 해야 하는 일을 나타내는 글입니다.

1 다음 그림을 보고 나라를 사랑하는 내용이 드러날 수 있도록 캠페인 글을 써 봅시다.

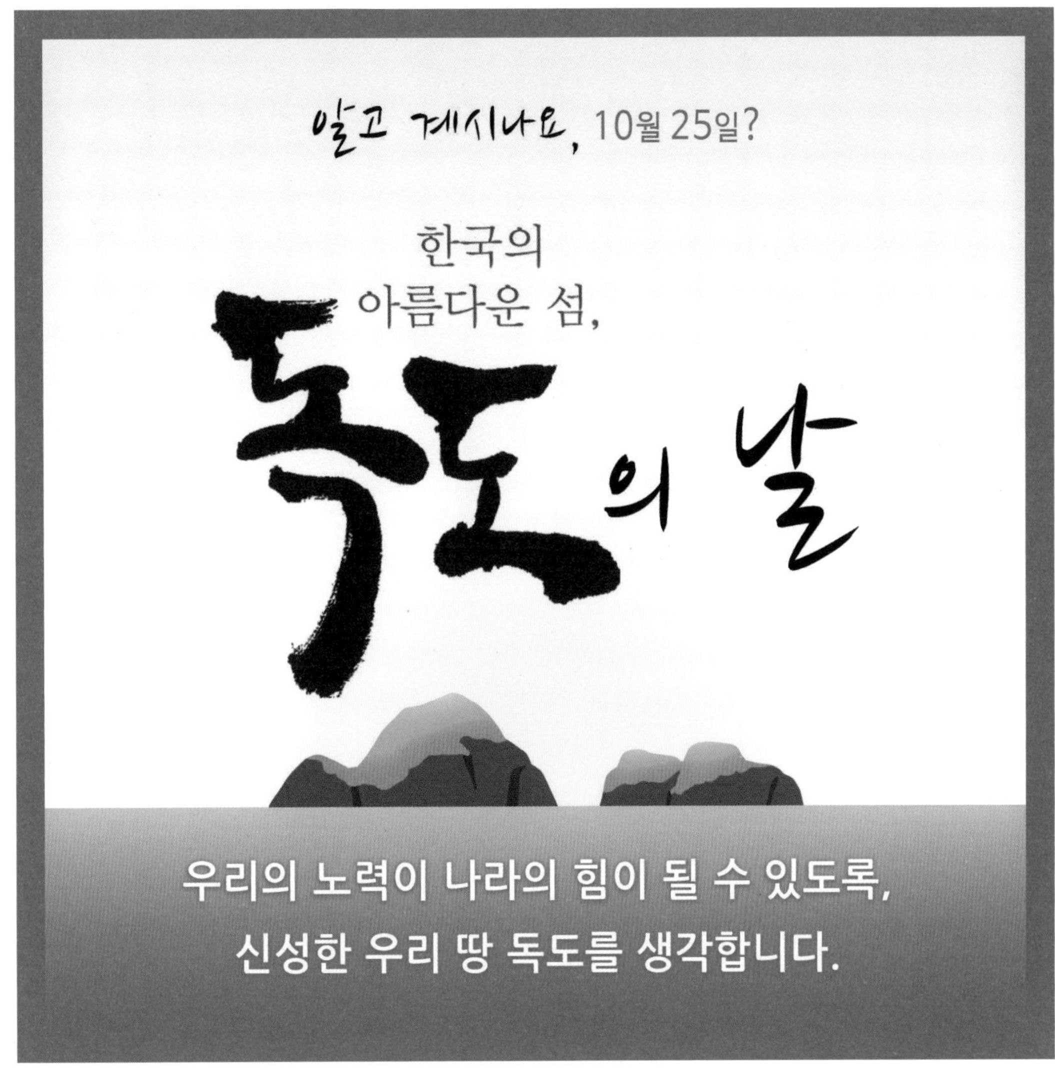

알고 계시나요, 10월 25일?
한국의
아름다운 섬,
독도의 날
우리의 노력이 나라의 힘이 될 수 있도록,
신성한 우리 땅 독도를 생각합니다.

캠페인 글을 쓸 때에는 나타내고자 하는 목적에 맞게 써야 합니다.

D-3 살기 좋은 나라를 만들기 위해 어떻게 해야 할까요

공부한 날 ________년 ________월 ________일

공부할 문제 살기 좋은 나라를 만들기 위해 할 수 있는 일을 생각해 봅시다.

생각티우기 • 125
주변 사람들의 행동 파악하기

생각키우기 • 126
살기 좋은 나라를 만들기 위한 방법 알기

생각피우기 • 130
살기 좋은 나라를 만들기 위해 실천할 수 있는 일 생각하기

생각퍼뜨리기 • 132
나라 사랑 다짐의 글 쓰기

붉은악마 제공

생각 틔우기

1 다음 그림을 보고 떠오르는 생각과 느낌을 써 봅시다.

비싼 옷을 사지 못하는	
친구들은 속상할 것 같다.	

2 그림 속 남학생의 행동으로 살기 좋은 나라를 만들 수 있을지 생각하여 보고, 왜 그렇게 생각하는지 까닭을 써 봅시다.

1 다음 그림 속 실천 모습으로 만들 수 있는 살기 좋은 나라의 모습을 찾아 선으로 이어 봅시다.

모든 국민이 다 같이 잘사는 나라를 만들 수 있습니다.

깨끗한 자연환경을 만들어 우리의 후손들에게 멋진 나라를 물려줄 수 있습니다.

많은 지식을 가지고 훌륭한 사람이 되어 나라를 위해 열심히 일하며 살 수 있습니다.

나라를 위해 돌아가신 분들을 생각하며 더 좋은 나라를 만들기 위한 다짐을 할 수 있습니다.

1 다음은 공익 광고의 한 장면입니다. 광고에 어울리는 제목을 붙여 봅시다.

제목: ____________________

인터넷의 검색창에 '한우 공익 광고'를 입력하고 영상을 찾아서 감상해 봅시다.

1
나라를?

2
내가
어떻게?

3
먹고
살기도
바쁜데

4

5
우리한우

6
알면 알수록
우리한우
한우자조금

한우자조금관리위원회 제공

공익: 사회 전체의 이익.

광고: 상품에 대한 정보를 사람들에게 알리는 일.

한우: 우리나라에서 기르는 소.

2 127쪽의 공익 광고를 보고, 이 광고를 통해 전달하고자 하는 내용이 무엇인지 생각하며 물음에 답해 봅시다.

1 무엇에 대한 광고인지 써 봅시다.

2 광고 속 사람들은 나라 사랑에 대해 어떻게 생각하는지 써 봅시다.

3 광고에서 말하는 나라 사랑의 방법은 무엇인지 써 봅시다.

4 위의 3에서 말한 방법이 어떻게 나라 사랑을 실천하는 일이 될 수 있을지 생각하여 써 봅시다.

3 살기 좋은 나라를 만들기 위한 방법을 생각해 보며, 127쪽 공익 광고의 뒷부분을 바꾸어 그려 봅시다. 그리고 제목도 붙여 봅시다.

제목: ______________________________

1
나라를?

2
내가
어떻게?

3
먹고
살기도
바쁜데

4

5

6

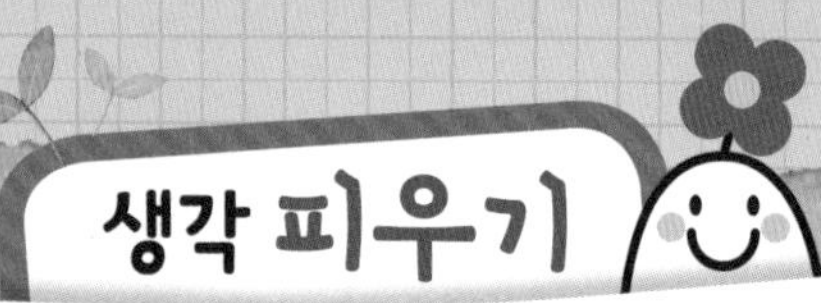

1 살기 좋은 나라를 만들기 위해 자신이 실천할 수 있는 일들을 생각하여 각 장소마다 세 개씩 써 봅시다. 그리고 한 장소를 더 생각하여 그림으로 그리고, 실천할 수 있는 일들도 써 봅니다.

가정

■ 태극기 달기

■

■

학교

■ 수업 시간에 열심히 공부하기

■

■

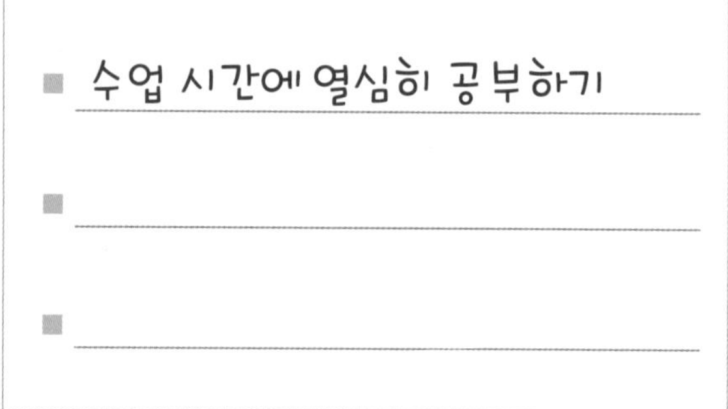

마을

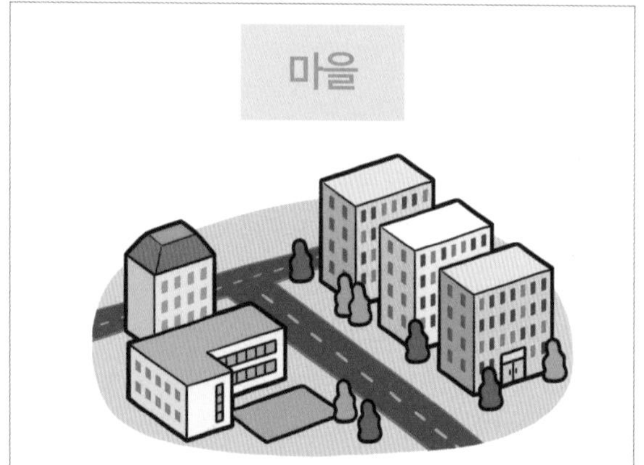

■ 공공 시설물 아껴 쓰기

■

■

■

■

■

2 130쪽에서 쓴 내용을 바탕으로 하여 다음 물음에 답해 봅시다.

1 130쪽에 쓴 자신이 실천할 수 있는 일들 중에서 잘 실천할 수 있는 것을 두 가지 골라 써 봅시다.

■ ______________________

■ ______________________

2 위에서 두 가지를 고른 까닭을 각각 써 봅시다.

■ ______________________

____

■ ______________________

____

3 위에서 고른 일들을 실천한다면 우리나라에 어떻게 도움이 될지 각각 써 봅시다.

■ ______________________

____

■ ______________________

____

1 살기 좋은 나라를 만들기 위해 우리가 할 수 있는 일을 알리는 글로 써 보고, 글의 제목도 붙여 봅시다. (131쪽에서 고른 두 가지 방법이 드러나도록 써 봅시다.)

살기 좋은 나라를 만들 수 있는 방법과 까닭, 결과 등을 잘 정리하여 글을 써 봅시다.

____

저는 우리나라를 사랑합니다. 우리 가족, 친구들이 살고 있는 우리나라를 더욱 멋진 나라로 만들고 싶습니다. 작은 일이지만 우리가 우리나라를 살기 좋은 나라로 만들 수 있는 방법들이 있습니다.

첫째, ______________________________

____

왜냐하면 ______________________________

____

____

____

둘째, ______________________________

____

왜냐하면 ______________________________

____

____

이와 같이 우리가 스스로 열심히 노력하면 우리나라는 더욱 살기 좋은 나라가 될 것입니다.

____

____

1 132쪽에서 쓴 글을 다시 읽고, 잘된 점과 부족한 점에 대하여 생각해 보며 스스로 평가해 봅시다.

실천 가능한 일인가요?	매우 잘함	잘함	보통
알맞은 까닭을 들었나요?	매우 잘함	잘함	보통
실천하기 위한 다짐을 썼나요?	매우 잘함	잘함	보통

1 내가 만들 수 있는 살기 좋은 나라를 상상하여 그려 보고, 나라 사랑 다짐의 글을 써 봅시다.

EBS 논술톡의
해답

A 사랑의 표현

A-1 만희네 집

9쪽 예측하기

1 예 안방, 거실, 욕실, 부엌, 장독대, 화단, 공부방, 마당 등

10쪽 낱말 익히기

1

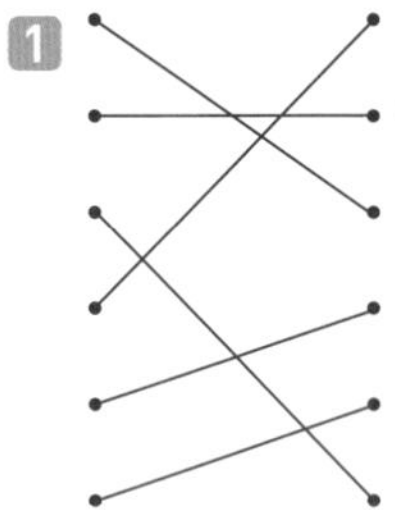

11쪽 내용 파악하기

1

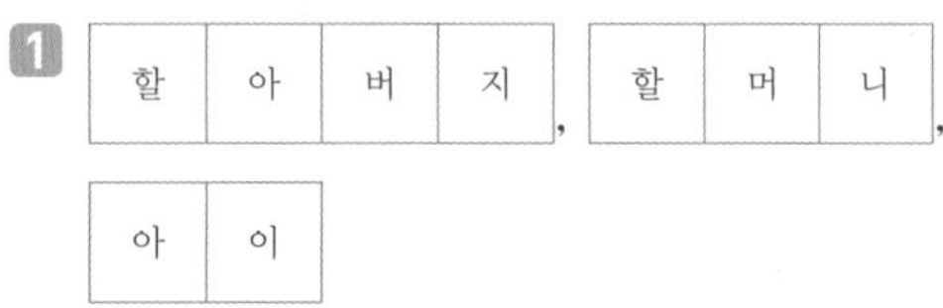

2 아버지의 할머니

12쪽 내용 파악하기

3

4 예 떡볶이와 어묵탕
*그림은 자유롭게 그리기

13쪽 내용 파악하기

5

14쪽 내용 파악하기

6 된장, 고추장, 간장, 소금, 마른 나물, 건어물 중 세 가지

7 예 딱지, 강아지 사료, 과자 등
*그림은 자유롭게 그리기

15쪽 내용 파악하기

8 (○)
(×)

9 예 장미, 튤립, 수선화, 나팔꽃, 봉선화 등
*그림은 자유롭게 그리기

16쪽 내용 파악하기

10 개집

11 예 • 종이접기 / • 동생 / • 여러 가지 색의 종이로 다양한 동물 모양을 접는다.

17쪽 내용 파악하기

12 예 수영장에서 물놀이한 일, 함께 자전거 탄 일
*그림은 자유롭게 그리기

18쪽 내용 파악하기

13 할아버지

14 예 • 파
• 엄마가 국을 끓이실 때 내가 직접 키운 파를 넣으실 수 있게 하고 싶다.

19쪽 내용 파악하기

15 햇볕이 좋은 날

16 예 내 방 정리하기, 빨래 함께 개기, 동생과 놀기

20쪽 내용 정리하기

1 ㉠, ㉡, ㉢, ㉦, ㉧

2 광

21쪽 느낌 · 생각

1 *그림은 자유롭게 그리기
예 • 안방, 거실, 부엌, 베란다 등
• 베란다
• 화분들을 구경할 수 있고, 의자가 있어 앉아서 책을 읽을 수 있기 때문이다.

22쪽 창의성

1 *그림은 자유롭게 그리기
예 운동실이 있으면 좋겠다. 가족이 함께 모여 운동을 하면 재미있고 몸이 건강해질 수도 있기 때문이다. 운동실에는 간단한 운동 기구가 놓여 있으면 좋을 것 같다.

A-2 엄마 저랑 결혼해요

24쪽 배경지식

1

2 ㉠ 아팠을 때 밤새 간호해 주신 모습

*그림은 자유롭게 그리기

25쪽 내용 파악하기

1 (　)

(○)

(○)

26쪽 느낌 · 생각

1 ㉠

우리 할머니는 자상하시다. 맛있는 것을 많이 사 주신다.
누나는 그림을 잘 그린다.
사랑하는 가족
엄마는 요리를 잘하신다.
아빠는 등산을 좋아하시고, 나랑 잘 놀아 주신다.

27쪽 창의성

1 ㉠ 아빠 / 김채원 / 얼굴 빨개지는 / 웃어 주고 / 아빠 / 아빠

*그림은 자유롭게 그리기

A-3 가족에게 나의 마음을 어떻게 표현할까요

29쪽 문제 알기

1

2 *각자 해당하는 것에 ○하기

30쪽 문제 해결 방법 알기

1

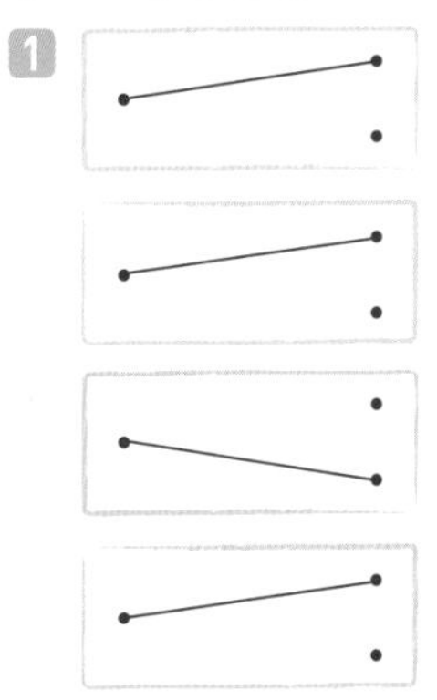

31쪽 문제 해결하기

1 ㉠ • 엄마, 많이 아프시죠? 기운 내세요. 동생은 제가 돌보고 있을게요.

• 할아버지, 생신 축하드려요. 건강하게 오래오래 사세요.

32~33쪽 초고 쓰기

1 ㉠

- 소개할 가족: 엄마
- 특징: 잔소리를 많이 하시지만, 음식을 잘하신다.
- 마음을 전하는 방법: 안마를 해 드리고, 심부름을 잘한다.

- 소개할 가족: 아빠
- 특징: 운동을 잘하시고, 나와 잘 놀아 주신다.
- 마음을 전하는 방법: 구두를 닦아 드리고 편지를 쓴다.

- 소개할 가족: 할머니
- 특징: 항상 따뜻한 말씀을 해 주시고, 내 편을 들어 주신다.
- 마음을 전하는 방법: 안마를 해 드리고, 노래를 불러 드린다. 또 편지도 자주 써서 기쁘게 해 드린다.

*그림은 자유롭게 그리기

34쪽 글쓰기

1 예 1 아빠

2 • 어깨 주물러 드리기
• 퇴근하실 때 반갑게 인사하기
• 심부름 잘하기

3 *각자 평가하기

4 계획할 때에는 쉬웠는데, 실천하는 것이 어려웠다. 그리고 아빠가 언제나 가족을 위해 열심히 일하신다는 것을 알게 되어 더욱 자랑스럽게 느껴졌다.

35쪽 작품화

1 예 1 (그림) 아빠가 껴안고 있는 모습

2 아빠가 껴안아 주신 일

3 너무 행복하고 구름처럼 둥실 떠오르는 느낌이었다.

4 내가 할 일을 가족에게 미루지 말고 스스로 한다. 가족이 질문을 하면 언제나 친절하게 대답한다.

36~37쪽 창의성

1 〈상황1〉

예 • 거실이 많이 어질러져 있네요. 제가 함께 정리할게요.
• 아, 참! 제 방도 지저분할 거예요. 거실 정리 끝나면 제 방도 정리할게요.
• 제 방 정리는 스스로 하고 엄마가 청소하실 때도 자주 도와 드릴게요.

〈상황2〉

예 • 아빠, 안녕히 다녀오셨어요?
• 많이 피곤해 보이시네요. 제가 아빠 어깨를 주물러 드릴게요.
• 아빠 퇴근하고 오시면 반갑게 문 열어 드리고 자주 어깨도 주물러 드릴게요.

B 사이좋은 친구

B-1 돼지, 강아지, 다육이

41쪽 배경지식

1 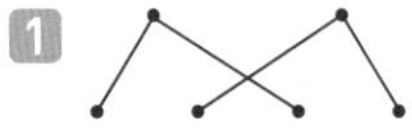

2 예 친구에게 자신이 기분이 나쁘다는 것을 표현하고, 별명을 부르지 말라고 기분 나쁘지 않게 말한다.

42쪽 낱말 익히기

1 체육복 / 걱정 / 얄밉다 / 다육식물

2 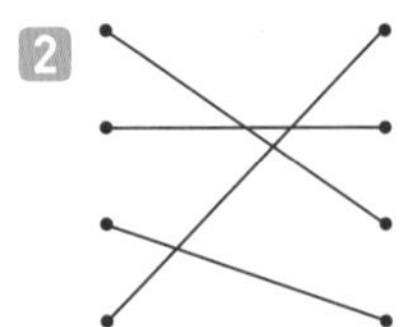

43쪽 예측하기

1 예 미끄러진 친구가 화를 내고 그것을 도와주지 않고 보고 웃은 친구들은 선생님께 혼이 날 것이다.

44쪽 내용 파악하기

1 친구들하고 잘 지낼 수 있을까, 아이들이 놀리지 않을까 하는 걱정

2 엄마가 걱정하실까 봐

45쪽 내용 파악하기

3 돼지

4 학교에 가면 친구들이 놀려서

46쪽 내용 파악하기

5 놀림 대장

6 대걸레로 닦은 교실 문 앞에 남아 있던 물기를 밟았기 때문에

47쪽 내용 파악하기

7 동시에 큰 소리로 웃었다. 그리고 다육이라고 말하며 놀렸다.

48쪽 내용 파악하기

8 아이들이 놀리는 건 옳지 않다고 생각해서

49쪽 내용 파악하기

9 친구이기 때문에

10 친구들이 돼지라고 놀릴까 봐

50쪽 내용 파악하기

11 민수와 철호를 데리고 운동장에 가기 위해서

12 정욱이가 놀리지 않겠다며 사과를 해서

51쪽 내용 정리하기

1

민수는 학교 가는 길에 철호를 만났다.

민수는 친구들을 만날 생각에 즐겁게 학교로 갔다.

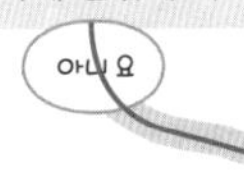

정욱이가 교실로 들어오면서 미끄러졌다.

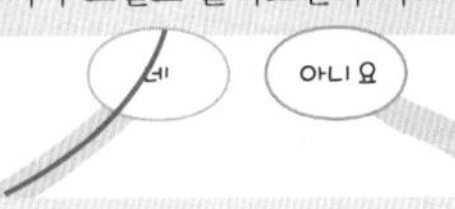

미끄러지는 정욱이를 보고 반 친구들이 큰 소리로 웃었다.

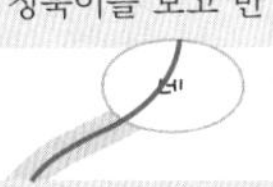

민수와 철호는 미끄러진 정욱이를 모르는 척하였다.

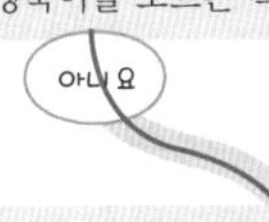

철호는 친구들이 놀릴까 봐 운동장에 나가기 싫어했다.

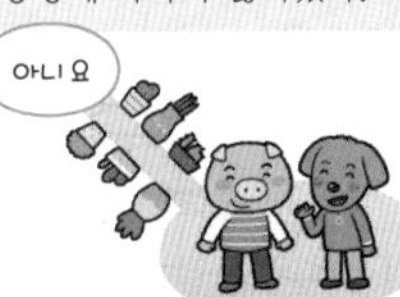

52쪽 느낌 · 생각

1

나가서 친구들과 즐겁게 놀자.
친구들이 놀려서 속상해.

2 예

언제	지난주 금요일
어디서	우리 교실
누구와	정민
무슨 일로	정민이가 내가 밥을 늦게 먹는다고 느림보 거북이라며 놀렸다.
그때 나의 기분	밥을 늦게 먹어서 놀 시간이 적은 것도 속상한데 정민이가 놀리니깐 더 화가 났다.

53쪽 일반화

1 *평가는 각자 자유롭게 하기

예 저는 앞으로 친구들과 대화를 자주 하며 친구의 마음을 이해하도록 노력하겠습니다.

2 예 넘어져서 속상해하는 친구를 놀리면 어떡하니? 너희라면 마음이 어떨지 생각해 봐.

54쪽 창의성

1 예 민수: 나를 놀리던 친구가 넘어지니 처음에는 조금 기분이 좋았어요.

기자: 왜 정욱이를 도와주었나요?

민수: 정욱이가 나를 놀린 걸 생각하면 화가 나지만, 다른 친구들이 정욱이를 놀리는 건 옳지 않다고 생각했기 때문이에요.

기자: 앞으로 정욱이와 친하게 지낼 것인가요?

민수: 네, 앞으로 정욱이와 철호, 우리 셋은 친한 친구로 지낼 거예요.

B-2 개학 날

56쪽 배경지식

1

( )

(○)

( )

(○)

(○)

56쪽 낱말 익히기

1

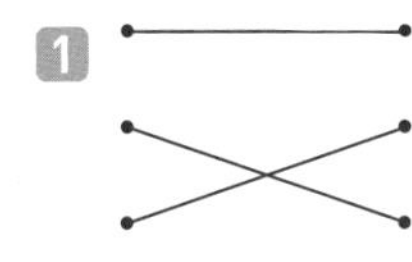

58쪽 내용 정리하기

1 예 친구들을 만나서 반가웠다.

기분이 나쁘고 화가 났다.

58쪽 느낌 · 생각

1

방학 숙제를 하나도 못해 걱정이 많아요.

아버지께서 사 주신 새 동화책이 매우 재미있었어요.

어머니께서 내가 좋아하는 피자를 만들어 주셔서 맛있게 먹었어요.

가족과 함께 물놀이를 가서 재미있게 놀았어요.

아버지께서 아끼시는 화분을 실수로 깨뜨려서 꾸중을 들었어요.

동생이 내 인형을 망가뜨려서 너무 속상했어요.

59쪽 창의성

1 예 *그림은 자유롭게 그리기

오늘은 개학 날이었다. 오랜만에 친구들을 만날 생각을 하니 기분이 좋았지만 아버지께서 병원에 계신다는 사실에 기분이 안 좋아졌다. 친구들이 나를 보고 반가워하였지만 기분이 안 좋아서 친구들에게 화를 냈다.

B-3 친구와 사이좋게 지내려면 어떻게 해야 할까요

61쪽 문제 알기

1

62쪽 문제 해결 방법 알기

1 예 기다리고 있는 친구들도 있으니 너도 줄을 서서 기다렸다가 타면 어떻겠니? 그러면 모두 즐겁게 미끄럼틀을 탈 수 있을 거야.

2 ( )
(○)
(○)
( )

63쪽 문제 해결하기

1

64쪽 문제 해결하기

2

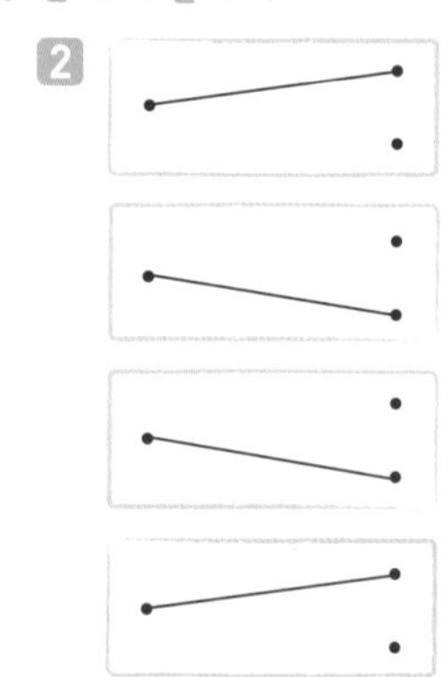

65쪽 초고 쓰기

1 예 1 어제 쉬는 시간

2 교실

3 친구가 내 필통을 바닥으로 떨어뜨려 연필 몇 자루가 부러졌다. 그래서 친구에게 화를 냈다.

4 연필이 부러진 것은 속상했지만, 친구에게 상황을 묻지도 않고 화를 낸 일은 미안하다.

66쪽 초고 쓰기

2 예 1 일주일 전쯤 수업 끝나고 집에 갈 때

2 교문 앞

3 다른 친구와 이야기하며 걷다가 민지를 발견하지 못하고 그만 부딪쳐 민지가 넘어질 뻔하였다. 그런데 민지가 넘어지지는 않아서 못 본 척하고 지나가 버렸다.

4 넘어지지는 않았지만 민지가 부딪쳐 많이 아팠을 것 같다. 내가 사과도 하지 않고 그냥 지나가 버려 민지가 속상했을 것이다. 사과를 하지 못해 미안한 마음이 든다.

67쪽 초고 쓰기

3 예

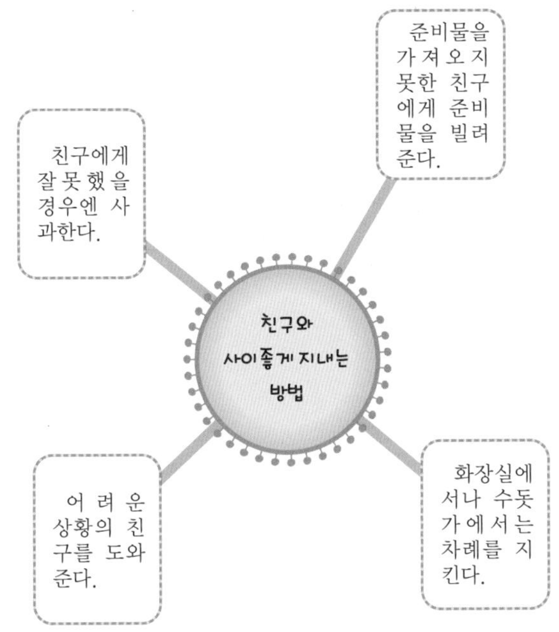

준비물을 가져오지 못한 친구에게 준비물을 빌려준다.
친구에게 잘못했을 경우엔 사과한다.
친구와 사이좋게 지내는 방법
어려운 상황의 친구를 도와준다.
화장실에서나 수돗가에서는 차례를 지킨다.

68쪽 글쓰기

1 예 날짜: 2016년 6월 2일 날씨: 더움

제목: 민지야, 미안해

*그림은 자유롭게 그리기

학교를 마치고 친구와 이야기하며 집에 오다가 민지와 부딪쳤다. 민지는 넘어지지는 않았지만 조금 아픈 것 같았다. 나는 미안한 마음이 들었지만, 아무 말도 하지 않고 그냥 지나쳐 버렸다. 앞으로는 실수라도 친구에게 미안한 행동을 했으면 바로 사과할 수 있도록 해야겠다.

69쪽 작품화

1 예 민지에게

민지야, 안녕?

나 윤진이야. 며칠 전 교문 앞에서 너와 부딪쳤을 때, 사과하지 않고 그냥 지나가 버려서 미안해. 나를 용서해 줄 수 있겠니? 네가 용서해 주면 기분이 좋을 것 같아.

앞으로 친하게 지내자.

2016년 6월 9일

윤진이가

C 서로 돕는 우리

C-1 우리가 구해 줄게!

73쪽 배경지식

1 백지장도 맞들면 낫다.

2 예 ㉠은 서로 도우며 쓰레기를 줍는 모습이고, ㉡은 몇몇 친구는 쓰레기를 줍지 않고 놀고 있는 모습이다.

74쪽 낱말 익히기

1 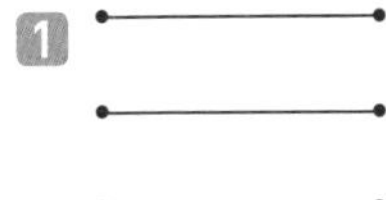

2 예 • 개구리가 풀숲을 폴짝폴짝 뛰어다니고 있다.

• 펠리컨이 입 속에 개구리를 넣고 하늘을 훨훨 날고 있다.

75쪽 예측하기

1 개구리 / 펠리컨

2 예 펠리컨이 입 속에 개구리를 넣고 여행을 다니고, 개구리가 펠리컨에게 노래를 불러 주며 도움을 줄 것이다.

76쪽 내용 파악하기

1 (○)

(×)

2 높은 벽이 양옆을 가로막고 있고, 앞으로 끝없는 물길이 펼쳐진 곳

77쪽 내용 파악하기

3 고라니와 힘을 합쳐 개구리를 구하려고 했다.

78쪽 내용 파악하기

4 반딧불이

79쪽 내용 파악하기

5 거미줄

6 (○)

(   )

80쪽 내용 파악하기

7 펠리컨이 입 속에 개구리를 넣고 구출하여서

8 예 튼튼한 그물을 던져서 구한다. / 바위와 돌 등을 수없이 굴려 떨어뜨려서 개구리가 타고 올라오게 한다.

81쪽 내용 파악하기

9 개구리가 농수로에서 무사히 빠져나온 것이 기뻐서

10 목청껏 노래를 불렀다.

82쪽 내용 정리하기

1 예 제목: 개구리 구출 작전

83쪽 느낌 · 생각

1

	위험에 빠진 나를 도와줘서 정말 고마워.	나를 금방 구해주지 않아서 정말 섭섭해.
	토끼의 생일을 늦게 축하하게 되어서 미안해.	너희들도 나처럼 그곳에 빠져 보아야 내가 얼마나 무서웠는지 알 거야.
	개구리와 친하게 지내지 않을 거야.	늦게라도 노래를 불러 줘서 고마워.
	앞으로는 절대로 도와주지 않을 거야.	무사히 개구리를 구할 수 있어서 다행이야.

2 예 내가 어려움에 빠졌을 때 도와줘서 정말 고마워. 너희들이 아니었다면 나는 꼼짝없이 죽었을 거야. 다음에는 내가 너희들을 도와줄게.

84쪽 일반화

1 예

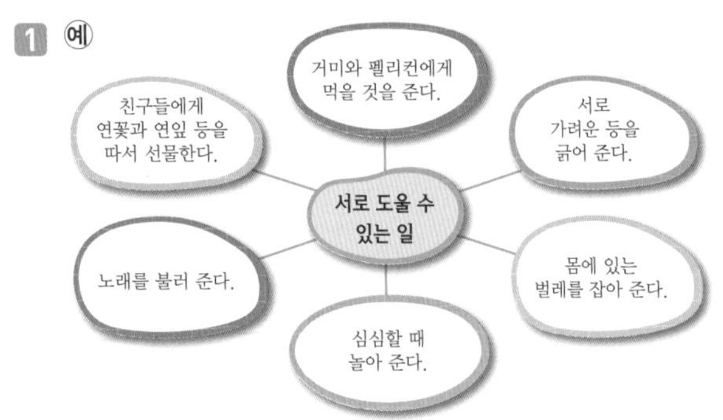

서로 도울 수 있는 일
거미와 펠리컨에게 먹을 것을 준다.
서로 가려운 등을 긁어 준다.
몸에 있는 벌레를 잡아 준다.
심심할 때 놀아 준다.
노래를 불러 준다.
친구들에게 연꽃과 연잎 등을 따서 선물한다.

84쪽 글쓰기

1 *이야기의 한 장면을 자유롭게 그리기

예 펠리컨이 몸이 아팠을 때, 개구리가 펠리컨에게 먹을 것을 챙겨 주고, 간호를 해 주었다.

C-2 공사 양해 안내문

87쪽 배경지식

1 1 화장실을 청결하게 이용하는 방법

2 휴지통에 넣는다.

3 구내 전화로 연락한다.

2 예

놀이터	놀이 기구 안내문, 잔디밭 보호 안내문
아파트	단수 안내문, 금연 안내문
학교	회장 선거 안내문, 급식 방법 안내문

88쪽 배경지식

3 예 장소: 지하철

노약자가 힘들게 서 있습니다.

노약자에게 자리를 양보해 주세요.

88쪽 낱말 익히기

1

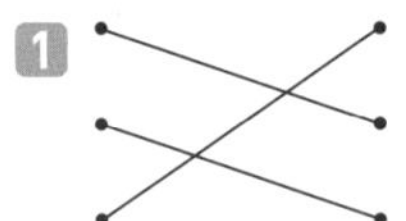

89쪽 내용 파악하기

1 구조 변경 공사 안내

2 1월 10일부터 1월 20일까지

3 소음과 먼지 등

90쪽 내용 정리하기

1

이웃들이 이사를 가게 된다.	공사 중 소음이 덜 발생한다.	공사하는 데 돈이 덜 들게 된다.
이웃끼리의 싸움을 줄일 수 있다.	이웃들이 공사 기간을 알 수 있다.	공사 소음에 대해 이웃 주민들이 이해할 수 있다.

2

91쪽 창의성

1 예 제목: 장애인 주차 구역 안내문

장애인 주차 구역에는 장애인만 주차할 수 있습니다. 장애인 주차 구역은 주민 여러분의 작은 배려입니다. 장애인들이 편하게 주차할 수 있도록 존중해 주시길 바랍니다.

C-3 이웃 간에 소음 문제가 생겼을 때 어떻게 해야 할까요

93쪽 문제 알기

1

2 *이웃에게 피해를 당했던 일의 한 장면이 잘 드러나게 그리기

예 위층 아이들이 거실에서 심하게 뛰어다녀서 시험 공부를 하는 데 방해를 받았다.

94쪽 문제 해결 방법 알기

1

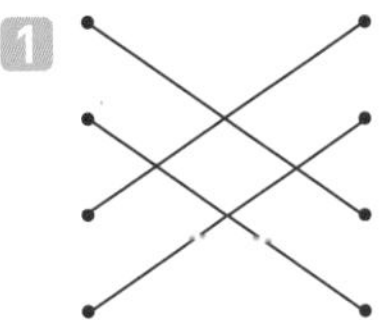

96쪽 문제 해결하기

2

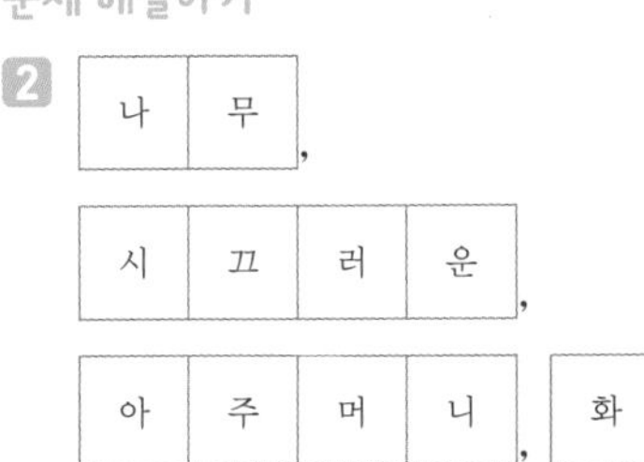

나무, 시끄러운, 아주머니, 화

3 *앞 내용에 이어지는 그림 그리기

예 화가 난 아주머니께 다시 사과를 하고, 아이들을 주의시켰습니다.

97쪽 초고 쓰기

1 예

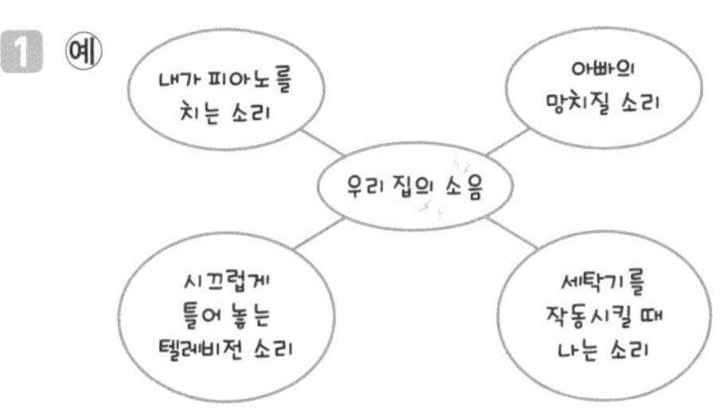

2 예 • 밤늦은 시간에 피아노 치지 않기
• 텔레비전 소리 줄이기

3 예 • 애완동물이 밤늦게 짖어 대는 것
• 음악을 크게 틀어 놓는 것
• 남의 집 앞에서 시끄럽게 싸우는 것

98쪽 초고 쓰기

4 예 1 이웃에 대한 불만이 쌓이면서 서로 기분이 나빠질 것이다.

2 먼저 우리 집에서 발생하는 소음에는 어떤 것들이 있는지 살피고, 소음이 나지 않도록 주의를 기울인다.

3 이웃과 웃으면서 사이좋게 지낼 수 있고, 살기 좋은 동네를 만들 수 있기 때문이다.

99쪽 글쓰기

1 예 제목: 소음 없는 행복한 동네

남의 집 앞에서 시끄럽게 싸우는 것, 애완동물이 밤늦게 짖어 대는 것, 음악을 크게 틀어 놓는 것 / 불만이 쌓이면서 기분을 나쁘게 합니다. / 먼저 우리 집에서 발생하는 소음에는 어떤 것들이 있는지 살피고 소음이 나지 않도록 주의하여야 합니다. 또 소음 문제가 발생하면 이웃에게 사과를 해야 합니다. / 웃으면서 사이좋게 지낼 수 있을 것입니다.

100쪽 작품화

1 예 강시헌 / 텔레비전 소리를 줄이고, 집 안에서 뛰어다니지 않으며, 큰 소리로 동생과 싸우지 않기 위해

*다짐이 드러난 그림 자유롭게 그리기

101쪽 창의성

1 예 *그림 자유롭게 그리기

나는 이웃이 우리 집 소음 때문에 힘들어하지 않도록 밤늦게 피아노를 치거나 동생과 싸우지 않을 것입니다. 그리고 집 안에서 뛰어다니지 않을 것입니다.

D 자랑스러운 우리나라

D-1 단군 이야기

105쪽 배경지식

1 예

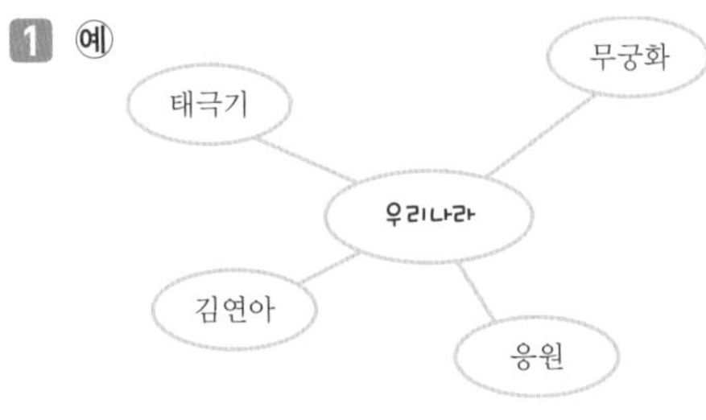

2 예 *무궁화 자유롭게 그리기
무궁화는 우리나라의 꽃입니다. 꽃잎이 분홍색이고 아름답게 생겼습니다.

106쪽 낱말 익히기

1 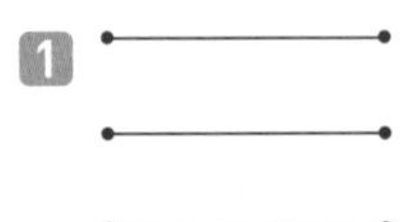

2 예 • 우걱우걱: 맛있는 피자를 우걱우걱 먹습니다.
• 신비롭다: 아침에 뜨는 태양은 볼 때마다 신비롭다.
• 존경: 우리 교장 선생님은 많은 사람에게 존경을 받습니다.

107쪽 예측하기

1 예 1 도사, 요술쟁이, 산신령 등
2 구름을 타고 날아가고 있다.
3 구름을 타고 가던 도사들이 어느 한 곳에 내려서 그곳의 백성들과 평화롭게 살 것이다.

108쪽 내용 파악하기

1 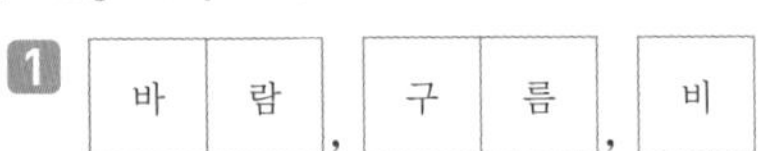

109쪽 내용 파악하기

2 (　)
(○)
(　)

3 사람

110쪽 내용 파악하기

4 쑥, 마늘

5 씹자마자 계속 뱉어 냈다.

111쪽 내용 파악하기

6 (○)
(×)
(○)

7 눈물을 흘릴 만큼 무척 기뻤다.

112쪽 내용 파악하기

8 

113쪽 내용 파악하기

9 (　)
(○)
(　)

10 조 선

114쪽 내용 정리하기

1 (가로 방향부터) ①, ⑥, ⑤, ④, ③, ②

115쪽 느낌 · 생각

1 나라를 사랑하는 마음

2 예 개천절에 태극기를 달아 나라를 사랑하는 마음을 가져야 할 텐데, 태극기를 달지 않으니 큰일이라고 생각할 것이다.

116쪽 일반화

1 예 축구 경기에서 우리나라가 미국을 이겼던 일 / 우리나라 선수들이 자랑스러웠고, 우리나라가 꼭 이기기를 바라는 마음이 생겼다.

2 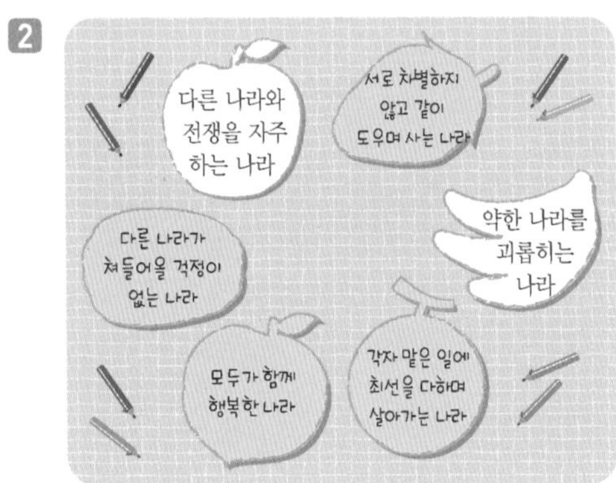

117쪽 창의성

1 예 잊지 말고 / 태극기 달기

D-2 느껴 봐요 대한민국, 사랑해요 대한민국

119쪽 배경지식

1 *태극기에 알맞은 색깔로 색칠하기

㉮ 태극기의 모양은 복잡하지만 특별해 보이고 색깔이 아름답다.

2 ㉮ 텔레비전을 끄거나 LED등으로 바꾸거나 에어컨 사용을 줄여 전기 사용량을 줄이자는 내용이다.

120쪽 낱말 익히기

1

2 *낱말을 골라 그림은 자유롭게 그리기

121쪽 내용 파악하기

1 한글날

2 한글날 태극기 달기에 참여하자는 내용

3 ㉮ 나라에서 기념할 만한 날에 단다.

122쪽 느낌 · 생각

1 *태극기가 달린 우리 집 그리기

2 ㉮ 6월 6일(현충일), 8월 15일(광복절), 10월 3일(개천절)

3 ㉮ 나라를 사랑하는 마음이 생긴다.

123쪽 창의성

1 ㉮ 독도는 우리나라, 한국의 아름다운 섬입니다. 독도의 날 10월 25일을 맞이하여 우리 땅인 독도의 소중함을 잊지 말고, 전 세계에 독도가 우리의 신성한 땅임을 알릴 수 있도록 노력합시다!

D-3 살기 좋은 나라를 만들기 위해 어떻게 해야 할까요

125쪽 문제 알기

1 ㉮ • 친구를 따라 열심히 공부하고 싶어졌다.
• 열심히 응원하여 우리나라 선수들에게 힘을 실어 주고 싶다.
• 친구끼리는 사이좋게 지내야 한다.

2 ㉮ 동네 어른들께 예의를 지키면 이웃끼리 사이가 좋아져 살기 좋은 나라를 만들 수 있다.

126쪽 문제 해결 방법 알기

1
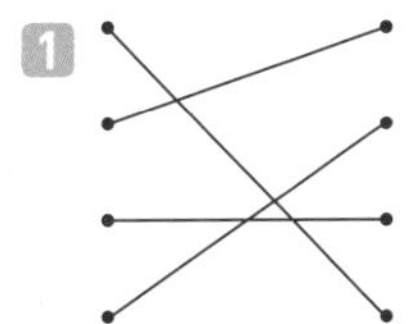

127쪽 문제 해결하기

1 ㉮ 한우를 먹읍시다

128쪽 문제 해결하기

2 1 한우를 이용해 달라는 광고
2 '내가 할 수 있을까?'라고 생각했다.
3 한우를 먹는 것이다.
4 한우를 먹으면 우리나라 농촌이 잘살 수 있기 때문이다.

129쪽 문제 해결하기

3 ㉮ 필요한 것만 삽시다.
*앞의 사진과 어울리게 그림 그리기

130쪽 초고 쓰기

1 ㉮

가정	• 부모님 도와드리기 • 동생 돌보기
학교	• 친구들과 사이좋게 지내기 • 교실 정리 잘하기
마을	• 이웃에게 인사 잘하기 • 무거운 짐 나누어 들기
대중교통	• 줄 잘 서기 • 노약자에게 자리 양보하기 • 신호등 잘 지키기

131쪽 초고 쓰기

2 ㉮ 1 수업 시간에 열심히 공부하기 / 부모님 도와드리기
㉮ 2 공부를 열심히 하면 똑똑해질 수 있기 때문이다. / 부모님께서 더욱 힘을 내셔서 일을 하실 것이기 때문이다.
㉮ 3 나라를 위해 훌륭한 일을 할 수 있다. / 우리나라가 더욱 잘살게 될 것이다.

132쪽 글쓰기

1 ㉮ • 제목: 살기 좋은 나라는 우리부터
첫째, 공부를 열심히 하는 것입니다. 왜냐하면 공부를 열심히 하면 똑똑해져서 나라를 위해 열심히 일할 수 있기 때문입니다.
둘째, 부모님을 도와드리는 것입니다. 왜냐하면 부모님을 도와드리면 부모님께서 더 열심히 일을 하셔서 나라가 더 잘살게 될 것이기 때문입니다. / 그러므로 우리 모두 나라를 사랑하는 마음으로 열심히 노력합시다.

133쪽 일반화

1 *항목에 맞게 자기 평가하기

133쪽 창의성

1 *그림은 자유롭게 그리기
㉮ 살기 좋은 나라를 만들기 위해 공부도 열심히 하고, 부모님을 도와드릴 것이다.

출처

■ 글

- 〈만희네 집〉, 권윤덕, 길벗어린이 / 11쪽
- 〈엄마 저랑 결혼해요〉, 최향 / 25쪽
- 〈돼지, 강아지, 다육이〉, 김상규 / 44쪽
- 〈우리가 구해 줄게!〉, 이주영 / 76쪽
- 〈단군 이야기〉, 이주영 / 108쪽

■ 이미지

- 〈100W 줄이기! 올 여름 착한 바람〉 포스터, 에너지관리공단 / 119쪽
- 〈월드컵 응원〉 사진, 붉은악마 / 124쪽
- 〈우리 한우〉 방송 광고 장면, 한우자조금관리위원회 / 127쪽, 129쪽

MEMO

MEMO